· 光明文丛系列 ·

光明文丛 Guangming Wencong series

【基金项目】本书为湖北民族学院2015年校级教学研究项目"《中国近现代史纲要》创新课程研究"（项目编号2015JY048）、湖北民族大学2019年度思政专项项目"《中国近现代史纲要》教学案例集"（项目编号MDZ2019001）研究成果。

湖北民族大学
思想政治理论课教学案例丛书

古往今来话恩施

——《中国近现代史纲要》教学案例集

陈文俊◎主编

光明日报出版社

图书在版编目（CIP）数据

古往今来话恩施：《中国近现代史纲要》教学案例集 / 陈文俊主编 .-- 北京：光明日报出版社，2022.9

ISBN 978 - 7 - 5194 - 6560 - 5

Ⅰ.①古… Ⅱ.①陈… Ⅲ.①恩施土家族苗族自治州 — 地方史 Ⅳ.① K296.32

中国版本图书馆 CIP 数据核字（2022）第 068254 号

古往今来话恩施——《中国近现代史纲要》教学案例集

GUWANGJINLAI HUA ENSHI——ZHONGGUO JINXIANDAISHI GANGYAOJIAOXUE ANLIJI

主　　编：陈文俊

责任编辑：王　娟　　　　　　　　责任校对：慧　眼
封面设计：李彦生　　　　　　　　责任印制：曹　净

出版发行：光明日报出版社
地　　址：北京市西城区永安路 106 号，100050
电　　话：010-63139890（咨询），010-63131930（邮购）
传　　真：010-63131930
网　　址：http://book.gmw.cn
E - mail: gmrbcbs@gmw.cn
法律顾问：北京市兰台律师事务所龚柳方律师

印　　刷：北京建宏印刷有限公司
装　　订：北京建宏印刷有限公司
本书如有破损、缺页、装订错误，请与本社联系调换，电话：010-63131930

开　　本：170mm×240mm
字　　数：220 千字　　　　　　　　印　　张：13.5
版　　次：2022 年 9 月第 1 版　　　印　　次：2022 年 9 月第 1 次印刷
书　　号：ISBN 978 - 7 - 5194 - 6560 - 5

定　　价：68.00 元

版权所有　　翻印必究

湖北民族大学思想政治理论课教学案例丛书

编 委 会

总主编：徐铜柱

编　委：（以姓氏笔画为序）

　　　　冯显德　张严超　张明波　张蔚玲

　　　　陈文俊　胡自爱　黄玉红　崔应美

总　序

党的十八大以来，学校思想政治工作和思想政治理论课建设得到前所未有的重视和加强。习近平总书记在全国高校思想政治工作会议上指出，思想政治工作从根本上说是做人的工作，必须围绕学生、关照学生、服务学生，不断提高学生思想水平、政治觉悟、道德品质、文化素养，让学生成为德才兼备、全面发展的人才。思想政治理论课要坚持在改进中加强，提升思想政治教育亲和力和针对性，满足学生成长发展需求和期待。2019年3月18日，习近平总书记在学校思想政治理论课教师座谈会上再次强调：思政课是落实立德树人根本任务的关键课程，思政课作用不可替代，思政课教师队伍责任重大。同时指出，"办好思想政治理论课，最根本的是要全面贯彻党的教育方针，解决好培养什么人、怎样培养人、为谁培养人这个根本问题"。这一重要论述，深刻阐述了思想政治理论课的重要性和办好思想政治理论课的重大意义。

为办好新时代学校思想政治理论课，中共中央办公厅、国务院印发了《关于深化新时代学校思想政治理论课改革创新的若干意见》（2019年8月14日），专门就思政课改革的重要意义、总体要求、课程体系、师资队伍、组织领导等方面做了具体规定，作为指导学校思政课建设的纲领性文件。为此，中共中央宣传部、教育部联合印发《新时代学校思想政治理论课改革创新实施方案》（教材[2020]6号），要求充分发挥思政课在立德树人中的关键课程的作用，对新时期如何建好思政课、建设什么样的思政课等问题做了制度性安排，尤其是对思政课的目标体系、课程体系、内容体系、教材体系等做了明确规定，成为新时期建好思政课的实践指南。于此基础上，为进一步加强和细化对高校思想政治理论课的宏观指导，规范组织管理、教学管理、队伍管理和学科建设工作，教育部专门制定并印发了《高等学校思想政治理论课建设标准（2021年本）》（2015年本为第一版），对高校思政课建设的具体内容做了详细的分类，并提出了具体建设标准，为新时代高校思政课建设提供了标准依据。

湖北民族大学位于鄂渝湘黔四省（市）毗邻的武陵山复地恩施土家族苗族自治州，长期以来，学校认真贯彻党的教育方针，努力培养适应民族地区发展和国家战略需要的可靠建设者和接班人，办学成果显著。近年来，学校高度重视人才培养质量，全面贯彻落实习近平总书记关于教育工作的重要论述精神狠抓思想政治理论课的改革创新工作，大力提升思想政治理论课的教育教学质量。马克思主义学院在学习领会落实中共中央办公厅、国务院、教育部等系列文件指示精神的基础上，结合地方实际和学校办学定位以及学科条件，创造性开展与课程相适应的教材体系建设。根据《新时代学校思想政治理论课改革创新实施方案》的课程设置，围绕《马克思主义基本原理》《毛泽东思想和中国特色社会主义理论体系概论》、《中国近现代史纲要》《思想道德与法治》《形势与政策》等课程教学质量提升的需要，编写"湖北民族大学思想政治理论课教学案例集"丛书，作为辅助教学的参考资料，以期进一步提高思政课的教学效果。学院组织编写这样一套案例丛书，主要基于以下考虑：一是贯彻中央精神。作为社会主义大学，必须始终坚持党的领导和社会主义的办学方针，时刻与党中央保持一致，用习近平新时代中国特色社会主义思想铸魂育人。二是践行育人使命。思想政治理论课是落实立德树人的关键课程，是解决培养什么人、怎么培养人、为谁培养人的重要阵地，是实现为党育人、为国育才使命的重要方略，因此，推进思政课改革创新，丰富思政课教学案例，成为增强思政课实效性的必然要求。三是提升教师水平。习近平总书记指出，办好思想政治理论课关键在教师，关键在发挥教师的积极性、主动性、创造性。思政课具有政治性、学术性、多样性、时代性、实践性等特征，讲好思政课不容易。组织教师团队，集体研究课程内容，编写相应教学案例，为教师提供了深入学习、集中研讨、学教结合的机会和平台，进而提高教师的教学水平。四是塑造课程特色。作为地方院校，恩施地区具有丰富的红色文化、民族文化、生态文化等资源，俗话说，一方水土养一方人，这里的优秀文化资源独具特色和魅力，通过案例集将其融入思政课堂，增强思政课的针对性和吸引力，使其成为是立德树人的重要资源。

值此"湖北民族大学思想政治理论课教学案例集"丛书付梓之际，我们谨向所有参与编辑工作的老师和同仁们、向关注和帮助案例集的专家学者们表示感谢，特别是对出版社的各位编辑的辛苦工作表示诚挚谢意！

徐铭牲

湖北民族大学马克思主义学院院长 教授

2021 年 12 月 12 日

前　言

　　"中国近现代史纲要"是中宣部、教育部高校思想政治理论课"05方案"设置的本科必修课之一。按照教育部印发的《新时代高校思想政治理论课教学工作基本要求》，结合对湖北民族大学教情、学情的分析，对"纲要"开展课程及教学改革是大势所趋。改革以提升教学效果为目标，从课程标准制定、课程体系设置、课程内容更新、教学团队建设、课程发展规划等方面打造优质课程，真正实现"以学生为中心"的教学改革。

　　习近平总书记在2019年3月18日主持召开的学校思想政治理论课教师座谈会上强调，办好思想政治理论课，最根本的是要全面贯彻党的教育方针，解决好培养什么人、怎样培养人、为谁培养人这个根本问题。湖北民族大学马克思主义学院自2011年成立以来，全面贯彻党和国家的教育指导方针，积极开展思想政治理论课教学工作，充分重视"中国近现代史纲要"课的育人作用。通过教学实践，努力提高大学生的党史、国史素养，加强社会主义核心价值观教育，引导学生更加爱党、爱国、爱社会主义，坚定跟党走的信念。

　　"中国近现代史纲要"课主要讲授中国近代以来抵御外来侵略、争取民族独立、推翻反动统治、实现人民解放的历史。一是从总体上把握历史发展的脉络和规律；二是突出重点，深刻解读重大历史事件和问题。

本书作为"中国近现代史纲要"课的教学参考资料，按照中宣部、教育部组织修订的《中国近现代史纲要（2021版）》教材体例，结合湖北民族大学思想政治理论课教学改革实践，立足恩施地方丰富的历史文化资源编写。编写过程中得到学校、学院各级领导的大力支持和帮助，特别是马克思主义学院徐铜柱院长、张明波副书记亲自组织、策划、推进项目，本书也获得了湖北民族学院2015年校级教学研究项目"《中国近现代史纲要》创新课程研究"（项目编号2015JY048）、湖北民族大学2019年度思政专项项目"《中国近现代史纲要》教学案例集"（项目编号MDZ2019001）项目基金的支持。

本书在编写过程中，参阅了恩施地区大量文史资料及相关专家、学者的研究成果，一并表示感谢。

由于能力水平的限制，书中难免有疏漏之处，恳请读者批评指正。

编者

2021年11月

目　录
CONTENTS

第一章

进入近代后中华民族的磨难与抗争

案例1：古往今来话恩施

[教学目标]

1. 结合对恩施地方历史的学习和掌握，让学生了解辉煌灿烂的中国古代文明，了解中国封建社会由盛而衰的历史过程，了解中国封建社会晚期中西之间的发展差距，明确地方历史的发展与变迁是与国家民族的历史紧密联系在一起的，明确地方的兴衰是与国家民族的命运紧密联系在一起的。

2. 使学生从总体上了解近代中国半殖民地半封建社会的形成及基本特征，明确近代中国的阶级状况、基本矛盾和面临的历史任务，并结合恩施地方历史，使学生对社会历史发展规律的认识更加具象化。

3. 使学生理解近代中国的落后是由于清朝末年社会制度的腐败所造成的，同时也是资本—帝国主义的侵略所造成的，并结合恩施历史的变化，更加明确这一认识。

[案例呈现]

恩施，古称"施州"，地处鄂西南，东接省内宜昌市，西北临重庆市，南与湖南省交界。恩施境内重峦叠嶂、河流纵横，位于武陵山脉与大巴山之间，域内绝大部分是山地，境内利川市齐岳山是美丽清江的发源地，恩施的自然风光以"雄、奇、秀、幽、险"著称。

恩施具有悠久的历史，早在旧石器时代，就有人类活动的遗迹。恩施建城不晚于宋代，因其较早的建城史与丰富的人文资源，成为湖北省的历史文化名城之一。近现代历史上，革命志士、英雄人物辈出，使恩施成为一方红色热土。1983年，恩施建州。恩施州，全称"恩施土家族苗族自治州"。恩施自古就是多民族聚居之地，各民族共同生活、繁衍生息，创造出独具特色的民族文化。

一、恩施历史沿革

据《恩施县志》记载，恩施之地，在夏朝、商朝时属于荆、梁二州区域。春秋时，属于巴国地界；战国时，下辖于楚国的巫郡。秦朝设黔中郡管辖。汉朝时，属南郡巫县管辖。三国时，属吴国建平郡。晋朝仍设建平郡管辖。后周时期，设亭州、施州及清江郡。隋朝初年，废除清江郡，保留了施州；大业年间，改为庸州，治清江县；后又改庸州为清江郡；义宁初，改回施州。唐朝时，施州隶属于江南道；开元年间，又改为清江郡；天宝初年，改称清化郡；乾元初年，再次改为施州。宋代，隶属于四川夔州路。元代，施州隶属于夔州路总管府，下辖清江、建始二县。明朝初年，仍置施州，隶属夔州府；洪武年间，废施州，置施州卫军民指挥使司，隶属于四川都司，后改由湖广都司管辖，正式成为军事建置；施州卫下辖一个军民千户所、三个宣抚司、八个安抚司、八个长官司、五个蛮夷长官司。①

清朝初年，仍然沿袭明朝旧制，但隶属于湖北荆州府。雍正六年（1728），改施州卫为恩施县，始有"恩施"之名。雍正十三年（1735）实行"改土归流"，设施南府，下辖恩施县、利川县、咸丰县、来凤县、宣恩县。乾隆元年（1736）形成了"施州六属"，即恩施县、利川县、咸丰县、来凤县、宣恩县、建始县，隶属于施南府。鹤峰县一度隶属于宜昌府；建始县一度隶属于四川夔州府；巴东县原为归州所管辖，"改土归流"后，巴东县属宜昌府管辖。

---

① ［清］多寿等纂修：《恩施县志》卷1，《地理志·沿革》，台北：成文出版社，1975年，第41-42页。

1911年，辛亥革命结束了统治中国数千年之久的封建帝制，而鄂西地区自元明清以来的土司制度也随之终结。1912年，废施南府，但保留了下辖的恩施诸县。1915年，又设置荆南道，仍管辖恩施等六县。1926年，改荆南道为施鹤道，将鹤峰划入，成为七县。1927年，废荆南道，保留下辖区县。1928年，设鄂西行政区。1932年，恩施成为湖北省第十行政督察区，又将巴东划入，遂有八县。1936年，改为第七行政督察区。抗日战争时期，恩施成为湖北省的临时省会，亦为第六战区长官司令部所在地。

新中国成立后，恩施于1949年11月6日解放，人民获得了新生。解放后，改称为湖北省恩施行政区。1968年，又改为恩施地区。1983年，成立鄂西土家族苗族自治州，成为中华人民共和国最年轻的少数民族自治州，恩施为州府所在地。1993年，将鄂西土家族苗族自治州更名为恩施土家族苗族自治州，下辖六县（建始、巴东、宣恩、咸丰、来凤、鹤峰）、二市（恩施、利川）。

二、恩施古代民族

恩施州内，各民族相互杂居、共同生活，形成了鄂西地区唯一一个以土家族、苗族、侗族为主的少数民族自治州，另有回族、蒙古族、白族、藏族、维吾尔族、彝族、壮族、汉族等，境内分布的少数民族共有28个。恩施民族地区的传统由来已久，即为古代巴文化的发祥地，境内古文化遗存十分丰富。

"恩施"名称的由来，体现出古代中央王朝对少数民族的态度及政策。古籍中，有"施"通"夷"。《辞海》云，"施"又读"夷"，通"迤"。"夷"是古代中原地区华夏族对东部各少数民族的总称，也泛称中原以外的其他各族，"夷"有一定的贬义色彩。清江古称"夷水"，古代巴人就生活在清江流域，巴人在文献中也被称为"夷人"。

早在旧石器时代，恩施境内就有人类活动。考古发现，位于建始县城东北33公里处的高坪镇高店子西南太阳槽半山腰处有一巨型洞穴，长达315米，内有属于更新世早期的人类下颌骨化石、石器和骨器，还有包括巨猿在内的70多个种属的哺乳动物遗存，表明有早期人类与动物共存的痕迹。因有巨猿生活遗迹，故称为建始巨猿洞遗址。此外，在位于长江巫峡右岸巴东官渡口镇的李家湾及福利溪等遗址，发现有旧石器晚期人类生活的痕迹，出土了打制的石核、石片、砍砸器、刮削器等石制工具。这些发现表明，恩施是荆楚地区古人类重要的发源地之一。

在长江沿线的巴东地区，发现了独具区域性特色的旧石器时代晚期至新石器时代中期的文化类型——楠木园文化遗址，以及巫山县的新石器时代文化类型——大溪文化遗址，还有天门市石河镇的新石器时代至青铜时代的文化类型——石家河文化遗址等。另有与湖南省相接的来凤县一带，也发现了红岩堡、张家院等遗址。考古表明，恩施虽然地处山区，但其文化发展与周边地区基本同步。即便自然环境比较恶劣，也没有阻碍人类文明在这一地区的诞生、进步和发展。

奴隶制王朝的商周时期，恩施是巴人的重要聚居地。这一时期，考古发现了大量文化遗存，如恩施的浑水河、须须沟、大脉垴遗址，来凤的葫芦堡、牛摆尾遗址，鹤峰江口、唐家渡、千户坪遗址，宣恩的陈家坝遗址，建始的龙潭坪遗址，巴东的雷家坪、官渡口遗址等，出土了大量巴人使用过的工具和生产、生活遗物。这一时期的文化以釜、罐为主要器皿，与宜昌长阳香炉石文化特征极为相似，均属于早期巴文化范畴。巴人于夏朝时建国，国都即在恩施，名"初夷城"。

春秋战国至汉代是巴文化发展的一个高峰期。各地有大量制作精良的工具器皿出土，特别是兵器，尤为别致。巴人尚武，发现的"巴式剑"，形似柳叶、造型独特。春秋时期，巴、楚战事频繁，但巴人多战败，巴、楚两族之间关系尤为密切，这从出土的文物中可见一斑。如巴东雷家坪及荆门等地的东周墓中，就有大量楚器与巴器共存。此外，巴人长期生活在恩施地区，与今重庆、四川等地的蜀文化也有密切关系。恩施在历史上曾长期隶属于四川，因此巴、蜀文化十分相似。很多学者认为，今天的土家族，正是古代巴人的后裔。

封建时代，中原统治者秉持"华夷之防"的思想，认为华夏族居于中原，是文明的中心，而少数民族居四方，文明落后于华夏。中原王朝与少数民族地区的关系也随着王朝的兴衰不断变化。汉唐盛世，中央王朝对恩施地区的少数民族实行自治政策，相处较为融洽。但遇到中原政权不稳以及分裂时期，由于统治者采取不当的民族政策，导致与少数民族间的关系紧张。

1989年，在恩施市白杨坪镇九根树村出土了一枚孙吴时期的银质印章，刻有"吴率夷中郎将"六个字；1958年，在恩施县三岔区莲花乡马尾坝村出土了一枚西晋时期的金质印章，刻有"晋蛮夷归义侯"六个字。均说明古代中央政府对恩施一带少数民族一般是以"蛮""夷"称之。但唐宋时，中央政府意识到称少数民族为"蛮""夷"等多有不妥，在政策变化的同时，在文字上也做了一些调整，以淡化对"蛮""夷"等字的记忆。宋代，恩施一带的"夷王"被改称为"施王"，"夷州"被改称为"施州"。民族政策的改善，缓和了当地社会的民族矛盾，也加强了中央王朝与地方少数民族的联系。清雍正六年（1728），"施州"又被改为"恩施"，是为"朝廷施恩"之意。

新中国成立后，党和国家采取正确的民族政策，实行民族区域自治制度，重视地方经济、文化的发展，关心少数民族群众的生活，注意加强民族团结，保障各民族平等发展的权利。

三、恩施历史名人

恩施有"世界硒都""仙居恩施"的美称，不仅是一处山明水秀之境，而且还是一个人杰地灵之所。恩施境内，古往今来人才荟萃、精英毕集。特别是在近现代历史上，涌现出一大批为了国家前途、民族安危、人民幸福，不畏艰险、前仆后继、舍生忘死的革命志士，谱写出一幕幕壮丽的历史华章，被人民始终铭记、永世流传。

明朝嘉靖年间，东南沿海屡遭倭寇侵扰，朝廷起用戚继光、俞大猷等抵御倭寇。在抗倭斗争中，恩施地区的容美土司（今鹤峰）也发挥了重要作用。容美田氏土司田世爵及其二子田九霄、田九龙率土兵万余人赴浙江抗倭，取得了清风岭战役、黄宗山战役大捷。嘉靖三十五年（1556），田九霄还因抗倭之功袭职。其事迹在《明实录》及《明史·土司传》中均有记载。

鸦片战争中，鹤峰邬阳人、土家族将领陈连升誓死抗击英国侵略者，在广州沙角、大角战役中壮烈牺牲，其子陈长鹏、陈举鹏均随父殉国。广东人民为纪念陈连升父子，修建了"昭忠祠"，并在沙角炮台收殓了陈连升及其部属官兵遗体，建节兵义坟及节马碑。家乡鹤峰人民为纪念陈连升，将当地的一座桥命名为"连升桥"。当地百姓感念陈氏父子的爱国精神，为其树立了一座高达数丈的功德碑。

辛亥革命前夕，咸丰大路坝人、土家族革命党人温朝忠、黄玉山领导了咸黔庚戌武装起义，二人均为同盟会早期会员，曾成立革命团体"铁血英雄会"反抗清政府的腐朽统治。因起义失败，不幸牺牲。咸丰人民为纪念二人事迹，将县城的一条街道命名为"朝忠路"。黔江人民也在县城建立了碑亭，记录二人壮举。

辛亥革命中，同盟会员、建始县人朱和中，全力支持孙中山先生的革命事业，为走向共和做出了巨大贡献。建始县人吕大森，深受民主革命思想的熏陶，成为辛亥革命运动的骨干，还因反对袁世凯等军阀统治两次下狱。共进会会员、巴东县人、土家族革命者邓玉麟在武昌起义中积极组织、运筹帷幄，做出了重大贡献。巴东野三关人、土家族教员田采堂，与教育界同人胡襄、苏成章、牟鸿勋等，在学生中进行革命宣传，发展具有先进思想的学生加入革命组织，壮大革命力量。出身手工业者家庭的恩施市张家巷人张鹏程，在武昌首义中率先占领楚望台军械库，并协助攻打总督衙门，与敌激战，立有大功。

大革命时期，共产党人张昌岐（来凤县土堡人，苗族）、黄兴武（咸丰县龙潭司人，土家族）、黄子全（咸丰县龙潭司人，土家族）、黄大鹏（巴东县五道垭人，汉族）、廖景坤（巴东县人，汉族）、张华甫（巴东县溪丘湾人，汉族）、宋文明（巴东县吴家坝人，汉族）、黄中立（巴东县马饮水人）、徐锡如（鹤峰县人，土家族）等，在地方发动革命群众，组织建立农会，进行武装起义，积极开展革命活动，取得了一次又一次的胜利，将革命的思想和理念传播到恩施各地，奠定了恩施这块革命热土的红色基因。还有一位女红军梁邦翠（巴东县溪丘人），组织妇女会，开展妇女运动，进行革命宣传。

土地革命战争时期，贺龙、周逸群等创建了湘鄂边革命根据地，黄大兴、张华甫等创建了巴归兴革命根据地，贺龙、段德昌等开辟了湘鄂西革命根据地，领导革命群众开展土地革命运动。这一时期，还涌现出不少少数民族的仁人志士，舍生忘死、投身革命。周念民（利川县小河人，土家族）在利川组织游击队，带领老百姓抗捐抗税、反抗国民党腐朽统治。陈年振（鹤峰县邬阳关人，土家族）及其长子陈宗瑜，组织自卫武装，带领民众反抗贪官污吏。鹤峰县云南庄范氏五兄弟（范松之、范辉强、范辉元、范辉久、范辉国），出身贫苦，跟着贺龙参加革命，先后为革命壮烈牺牲，被老百姓称为"范家五虎"，赞颂为"满门英烈"。杨清轩（宣恩县人，苗族），脱离地主家庭投身革命，作战英勇，后遭叛徒出卖而牺牲。

抗日战争时期，恩施成为湖北省政府所在地。秦国镛（咸丰县人，土家族）、秦家柱父子为国家的空军事业做出了巨大贡献。秦国镛是中国空军的创始人之一，秦家柱是抗战中第一个击落日军飞机的飞行员，但不幸被日本军舰上的高射炮所击中，坠入黄浦江中殉国。著名的战地记者、抗日诗人牟伦扬（利川县汪营人，土家族），于七七事变后奔赴延安，深入抗战一线进行采访，揭露日军暴行，在一次战斗中不幸遇难。

[思考讨论]

1. 生活和学习在恩施的你，了解恩施的历史吗？为什么说恩施既是一座历史文化名城，又是一块红色的革命之地？

2. 通过对恩施古今历史的了解，谈谈你对恩施的过去、现在和未来发展的感受和希望。

[案例分析]

《中国近现代史纲要》的课程内容虽然是以1840年鸦片战争作为开端，但要学好中国近现代这段历史，则要对漫长的中国古代史以及整个中华民族的历史有一个大致明晰的认知。首先，历史具有传承性，任何历史事件的发生都有其因果关系，要真正懂得近现代历史，必须回溯到古代部分，找寻事件产生的原因和背景，以及探寻历史发展的规律；其次，历史具有整体性，一个国家一个民族在发展的不同阶段虽然具有各个历史时期的特殊性，但每一阶段的历史都不是孤立的，要真正认识一个国家一个民族，必须从整体上去把握她的历史脉络，以宏观的视角出发，才能更加深刻地了解每一段历史。

因此，《中国近现代史纲要》教材的第一章第一节，首先介绍的就是"鸦片战争前后的中国与世界"，而这一部分又被分为"中国封建社会的衰落""世界资本主义的发展与殖民扩张""鸦片战争的爆发"三个问题来加以阐述。学习这一部分的目的有三个：第一，使学生能够从整体、宏观的角度把握中国近现代的历史，纵向上对中国历史有一个清晰的时间线索，并且对于中国历史发展的盛衰起伏有一个大体感受，横向上将中国史始终置于世界格局之中，将中国与世界的发展时时进行比较，才能更加准确地把握中国在世界的位置；第二，以辉煌灿烂的古代文明为起点，既丰富了学生对于国家五千年历史和文化的了解和掌握，更增强了当代大学生以祖国为骄傲、以民族为自豪、以身为一个中国人为荣的自信心和荣耀感；第三，通过对中国封建社会由盛而衰以及对西方大国崛起历史的介绍，进一步激发起当代中国青年的爱国之情和报国之志，铭记历史、展望未来、以史为鉴、复兴中国。

以《中国近现代史纲要》教材内容为基础，为了更加贴近湖北民族大学学生的实际状况，将恩施的历史融入这一部分的教学中，一方面能使学生有亲切感，因为他们置身其中，对很多地名、人名都比较熟悉，能够产生强烈的代入感；另一方面也能增强学生学习的兴趣，通过课堂了解的东西可以在课后去探究去求证，能够加深对历史的认知。

那么，怎样结合地方史阐述好"鸦片战争前的中国与世界"呢？具体可以从以下两个方面来进行分析和解读。

一、恩施历史悠久，拥有辉煌灿烂的古代文明

一般人对恩施的印象，大多是"山区""贫困""少数民族""山清水秀"等一类，即便是很多在恩施土生土长的学生，让他说说恩施的历史和文化，往往一知半解、语焉不详，因此，关于恩施的历史知识，对湖北民族大学的很多大学生来说是一个盲点或弱点，不利于学生"热爱家乡、建设家乡"理想的树立。古代恩施的历史大体可以分为四个时期：

1. 远古时期

案例中提到"旧石器时代，恩施境内就有人类活动"，说明恩施地区有人类居住的历史可以上溯到距今300万—200万年，有建始巨猿洞遗址，巴东李家湾、福利溪遗址等。据专家考证，在建始县高坪镇麻札坪村一小山坡的山洞（后被命名为"巨猿洞"）中，发现了生活在距今约250万年至距今约200万年的古人类化石，被称为"建始人"，属于早期人类的成员之一，验证了恩施是荆楚地区古人类重要的发源地之一。

新石器时代，恩施地区人类活动的遗迹更加丰富，巴东境内有楠木园文化、大溪文化、石家河文化分布，来凤一带，有红岩堡遗址、张家院遗址等。

恩施地区上古文明的形成和发展说明，"较为恶劣的自然环境，并不能阻碍人类文明前进的步伐"，"恩施虽然地处山区，但其文化发展与周边地区基本同步"。

2. 巴文化时期

商周时期，恩施成为巴人活动的主要地区，在恩施各地都有大量早期巴文化遗址。在传说中，廪君是巴人的祖先，而土家族正是巴人的后裔。

春秋战国至汉代是恩施地区巴文化发展的一个高峰期。巴人在清江流域生存与繁衍,不断加强与中原地区的政治、经济、文化交流,于公元前11世纪建立了巴国。但巴国的发展与周边蜀国、楚国产生矛盾,一度成为楚国的附属国。公元前316年,通过商鞅变法强大起来的秦国,在东扩的过程中灭亡了蜀国,随即也灭亡了巴国。巴国作为政权虽然消失了,但巴人仍然存在。秦、汉时期均在巴国故地设立郡县。巴人后被中原王朝称为"武陵蛮""五溪蛮""巴郡南蛮"等。

3.羁縻制度时期

汉唐至北宋,中央王朝在恩施地区实行的是羁縻制度,也就是少数民族地区的自治政策。三国孙吴时期,赐"蛮夷归义侯"金印;宋代,将"夷王"改称"施王","夷州"改称"施州";唐宋以后,再不见"巴人"称谓,而以"蛮""土"称之。由于"蛮"带有贬义色彩,逐渐为"土"所取代。

元明清时期,中央政府在恩施地区实行"以土治土""土流参治"的民族政策。元设归州巴东县、施州建始县,并在南部少数民族地区实行土司制度,置散毛、唐崖、金峒、龙潭、忠建、毛岭、施南等土司。土官、土司制度的实质仍是一种羁縻之治。明朝大致延续元代的政策,设夔州建始县、归州巴东县及施州卫军民指挥使司,并在南部少数民族地区设置容美等宣慰司、宣抚司、安抚司、长官司等。

4.改土归流时期

清朝初年,仍在恩施地区实行土司制度。雍正六年(1728),改"施州"为"恩施",以示朝廷施恩于各族百姓之意。雍正十三年(1735)实行改土归流,设施南府。

总之,从历史文化的角度,激发学生对家乡的热爱,进一步激发学生的爱国之情。

二、恩施民族众多,各民族人民团结一致、维护国家统一

恩施土家族苗族自治州是湖北省唯一一个民族自治州,而且恩施州还是全国最年轻的自治州。恩施境内有土家族、苗族、侗族、回族、蒙古

族、白族等少数民族及汉族，各族人民共同创造了恩施的历史，也为维护民族团结、祖国统一做出了巨大的贡献。

正如案例中所介绍，恩施地区涌现出很多"为了国家安危、人民存亡，前仆后继、不怕牺牲"的英雄人物。如明代率领万余名土兵前往浙江抗击倭寇的田氏土司；清代在鸦片战争中抗击英国侵略者壮烈殉国的陈连升父子。

辛亥革命前，有为了反抗清政府、实现资产阶级民主而英勇献身的温朝钟、黄玉山等革命志士；辛亥革命中，又有为革命做出巨大贡献的朱和中、吕大森、邓玉麟、田采堂、胡襄、苏成章、牟鸿勋、张鹏程等一大批仁人志士。

大革命中，涌现出张昌岐、黄兴武、黄子全、黄大鹏、廖景坤、张华甫、宋文明、黄中立、徐锡如、梁邦翠等大量优秀的共产党员，带领革命群众在地方进行反对帝国主义和封建军阀的民主革命斗争；土地革命战争中，在贺龙、段德昌等中国共产党的杰出革命者的带领下，创建了湘鄂边革命根据地及巴归兴革命根据地，领导恩施人民继续坚持革命，使恩施成为一块红色的热土。

抗日战争时期，恩施成为湖北省政府所在地，也是国民党正面战场迎击日本侵略者的第六战区司令部所在地，涌现出中国空军的创始人之一土家人秦国镛，秦国镛之子秦家柱，是抗战中第一个击落日机的飞行员，并在与日机的激战中壮烈殉国。

通过对恩施革命历史的梳理，进一步激起学生对家乡爱国志士们的崇敬之情，学习革命先烈不惧艰险、不怕牺牲的大无畏精神，树立为实现中华民族伟大复兴而不懈奋斗的共同理想。

[教学建议]

本案例适用于《中国近现代史纲要》（2021年版）教材第一章第一节"鸦片战争前后的中国与世界"部分的辅助教学。

案例 2：英勇抗英的鹤峰籍将军——陈连升

[教学目标]

1. 通过对陈连升等爱国将领英勇事迹的学习，了解近代中国人民抵御外国侵略斗争的历史，认识近代中国反侵略斗争的重大意义，继承、发扬以爱国主义为核心的民族精神。

2. 以鸦片战争为起点，了解近代中国历次反侵略战争失败的根本原因，认识社会制度腐败必然导致失败的深刻历史教训，认识正是严重的民族危机激发了中华民族的觉醒，促使中国人民去努力探索救亡图存、振兴中华的道路。

[案例呈现]

陈连升（1775—1841），又名连陞，原籍鹤峰，邬阳关人，土家族，曾一度寄居恩施。土家族有尚武的传统，陈连升年少便习武，立志报国，青年时代从军。由于作战勇敢，屡立战功。嘉庆年间，任鹤峰州千总，后调任保康营守备。道光年间，升任广西左江镇都司、广东连阳营游击、增城营参将、三江协副将等职。

道光十九年（1839），钦差大臣林则徐奉命到广州禁烟，同时整顿海防。陈连升因痛恨鸦片及英勇善战受到林则徐赏识，被调往驻守九龙。陈连升本就对英国人利用鸦片荼毒中国人民的罪行恨之入骨，十分赞同林则徐的禁烟主张，受到任命，火速赶往九龙炮台，加强布防。

1840年6月，英国舰队开到广东海面，标志着第一次鸦片战争正式爆发。这场战争，英国人是发动者。从1840年到1842年，中间因为清廷派了琦善去和谈，有一段时间是停战期。7月某日清晨，三艘中国水师巡逻船在九龙海面巡弋，与一艘英国军舰在官涌相遇，英军突然向中方袭击，中国水师被迫还击。陈连升当机立断，下令开炮支援，双方激战十几个小时，直至黄昏。在陈连升和守备伍通标的率领下，清军越战越勇，英军损失惨重，一艘双桅飞船被击沉，其余兵船遭受重创，狼狈逃窜。此战由林则徐上报朝廷，道光皇帝闻讯大喜，下令嘉奖了有关参战人员，陈连升由参将晋升为三江协副将，被调守号称"虎门第一隘"的沙角炮台。

陈连升驻守沙角，继续练兵固防，以备英人袭击。果不其然，1840年8月，英军侵入磨刀洋，林则徐派遣陈连升率领五艘兵船、三千名水师抵御英军，双方在磨刀洋展开了激烈的海战。由于陈连升熟悉水域，密遣小船四面夹击，将英军舰船阵型打乱，致使其首尾无法相顾，死伤惨重，大败而逃，清军再次取得大捷。陈连升声名鹊起，令英人胆寒，一时不敢来犯。虽然打了几场胜仗，但陈连升不敢轻敌，他知道英人还将来犯，于是一面向驻守虎门的水师提督关天培报请增兵防守，一面也自行添置大炮，随时准备与侵略者战斗。

由于林则徐、关天培等在广州的布防，英国人没有占到多少便宜，于是北上，过了厦门、打下浙江的定海，很快就到了天津白河口。到了天津，形势就不一样了，开进北京、攻入紫禁城也就是几天的工夫。天津是直隶总督的驻地，所以，道光皇帝就派了当时的直隶总督琦善去谈判，并将主战的林则徐、邓廷桢等人革职查办。琦善是主和派，到了广东，为了讨好英国人，准备惩办抗英有功的陈连升，诬陷陈连升是擅自开炮，这一行为激怒了广州军民，民众高举"民治其惠，夷畏其威，威慑重洋"的颂牌，数千人自发到钦差大臣衙门前为陈连升请愿。琦善不得不收回成命，但仍下令拆除全部木排铁链，裁减兵船的三分之一，撤走在沙角驻守的八百官兵，遣散忠心卫国的船工水勇，从各方面削弱陈连升部队的战斗力。

然而琦善的妥协也没有换来和平，一开始中方答应惩办林则徐，答应给英国赔偿，答应和英国恢复通商；英国人也答应了撤兵，回到广州去交涉。但是，很快就谈不拢了。英国人除了要赔款，还坚持要割香港或者加开通商口岸。琦善想，与其割地，不如加开通商口岸，但是，他又做不了主，只能一边和英国人讨价还价，一边上奏朝廷。结果，英国人等得不耐烦，于是在1840年12月再次开火，拿下了虎门外的大角和沙角。琦善害怕了，于是和义律签了一个《穿鼻草约》，答应割让香港、赔偿600万银圆。这一下，道光皇帝不干了，将琦善革职拿问、家产抄没。由于道光皇帝的反对，《穿鼻草约》没有履行，英国人又开战了，鸦片战争进入第二阶段：英国人自行占领了香港岛，然后在东南沿海各个城市开战。第二阶段中，中方进行了积极的抵抗，道光皇帝从湖北、四川、贵州、河南、广西、江西都调了军队去广东，一支部队打没了，再调一支，但始终打不赢，损失惨重。

陈连升就是在鸦片战争的第二阶段的战斗中壮烈殉国的。1841年1月7日，英国陆军少校、英军司令伯麦指挥军舰二十余艘，陆战队两千余人，从穿鼻湾登陆，分三路进攻虎门门户沙角、大角炮台。此时，英军兵力是清军的五倍以上。驻守靖远炮台的广东水师关天培、驻守威远炮台的总兵李廷钰都只有数百兵力，攻守不能相顾，无法前往支援。但陈连升毫无惧色，指挥若定，率领六百官兵与数倍之敌进行殊死搏斗。英军以猛烈的炮火多次发动正面进攻，皆被打退，反被陈连升部歼敌数百，英军转而翻越后山，前后夹击。此刻，清军弹药消耗殆尽，无法发射大炮，年近七十的陈连升就手执弓箭，带领官兵与英人短兵相接，直至贴身肉搏。最终，因寡不敌众，陈连升不幸胸部中弹，壮烈牺牲。陈连升也成为鸦片战争中第一个为国捐躯的少数民族将领。

陈连升死后，他的长子陈长鹏悲愤不已，连杀数敌，身受重伤，投海殉国。时任三江口副将的次子陈举鹏，本可突围而出，却不肯独活，杀敌数人后，也随父兄殉国。据一位英方参战的军官回忆，沙角炮台有二百余名清朝官兵阵亡，还有几百人被俘虏，却无一人投降。连英国人都对这场战役中中国军人表现出来的英勇和气节赞叹不已。就连陈连升的坐骑黄骝马也留下了一个传说。据说黄骝马被英国人抢掠到香港，但只要英国人一靠近这匹马，马就猛踢后蹄，此后不吃不喝，每天向北悲鸣，直至饿死，人称"节马"。《清史稿》中，因陈连升"为国殉难"，得入"昭忠祠"，以"表奖忠勋"。[①]广东人民为了纪念陈连升父子，建"昭忠祠"，并在沙角炮台收殓了陈连升等人的遗体，还建了节兵义坟和节马碑。陈连升当时使用过的大炮和他的坟碑，至今犹存。节马碑上刻道："君不见，太白经天海出血，将星坠地天柱折，残枪一起海氛生，人兮物兮成大节。"在广东一带还流传着赞誉节马的诗词，如《节马行》一诗写道："有马有马，公忠马忠，公心为国，马心为公。"家乡恩施人民，更没忘记这位伟大的爱国英雄，他壮烈牺牲后，千家万户自动捐献，为他在今恩施市飞机场一带树了一块高达数丈的功德碑，对他的爱国主义精神表示了崇高的敬意和深深的怀念。可惜这块功德碑在抗战时期被拆毁了。[②]

[思考讨论]

1. 近代中国为什么会衰落？鸦片战争为什么会发生？中国在鸦片战争中为什么会战败？

2. 鸦片战争中，中国军民进行了怎样的坚决抵抗？从陈连升等爱国将领身上学习和理解何为奋不顾身、舍生取义的爱国主义精神和民族大义。

[案例分析]

陈连升是一位生活在18世纪末至19世纪中叶的中国军人，他自幼习武、青年从军、屡立战功。如果是生活在平常年代，他的仕途一定会一帆风顺。首先，他是土家族，而土家人有尚武的传统；其次，他是鹤峰人，生于湖北西南边地，有吃苦耐劳的品格。然而19世纪对古老的中华民族来说，是一个非常特殊的历史时期。17世纪下半叶至18世纪，中国的封

---

① [民国]赵尔巽等:《清史稿》卷87，北京：中华书局，1976年，第2595页。
② 鄂西土家族苗族自治州文化局编:《鄂西历史人物》，1983年，第1-4页。

建王朝经历了康雍乾盛世，却也走向了末世，由于清王朝的闭关自守、故步自封以及封建专制制度的腐朽落后，导致在世界历史开始进入资本主义时代的关键时刻，中国却错过了发展的有利时机。

本案例虽然讲述的是陈连升的生平事迹，但从陈连升的个人经历可以分析拓展出以下几个问题：

一、鸦片战争前西方主要资本主义国家是如何崛起的？

随着欧洲资本主义经济的发展，欧洲各国迅速崛起。率先崛起的是葡萄牙和西班牙，得力于两国航海探险事业的发展，主要是两位航海家，哥伦布发现美洲、麦哲伦实现环球航行，于15至16世纪建立起强大的殖民帝国，但由于在战争中挥霍财富，并且没有国内工商业的发展作为经济的支撑，这两个帝国很快盛极而衰。紧接着崛起的是荷兰，荷兰人的发迹主要源于优越的地理条件，凭借着世界第一大港——鹿特丹的优势，作为中间商的荷兰人一跃而成为"海上马车夫"。荷兰虽然国土面积狭小、人口数量不多，但荷兰人很有经济头脑，他们创办了世界上最早的联合股份公司——东印度公司，垄断了全球贸易的一半；他们成立了世界上第一个股票交易所，开始玩转资本；他们创办了现代银行以及信用体系。于17世纪称霸欧洲。但由于面积、人口的局限，很快又失去了霸权。接下来，就是鸦片战争的罪魁——英国。1588年英国舰队战胜西班牙无敌舰队，从此西班牙退出争霸舞台、英国登上世界舞台；1640年英国资产阶级革命爆发，杀了一个国王——查理一世，1688年光荣革命爆发，建立了君主立宪的国家；工业革命开始于英国的棉纺织业，珍妮纺纱机、水力织布机等的发明揭开了工业革命的序幕；随着瓦特改良蒸汽机的出现，解决了最核心的动力问题，英国工业化的进程飞速前进、殖民扩张也势不可当。18至19世纪是英国的天下，英国成为世界上第一个工业化国家，也成为全球第一大殖民帝国。所以，英国成为最早对中国发动侵略和殖民战争的国家。同期发展的还有法国，最著名的是1789年法国大革命的爆发，以及美国1775年爆发独立战争，次年美国诞生。这两个国家也因为完成资产阶级革命和工业革命，成为世界强国，也成为近代侵略中国最多的国家之一。此外，这一时期，还有奥匈帝国和沙皇俄国，这两国的改革尚未开始，封建势力还很强大；而德国和意大利还未完成统一。因此，欧洲这几个国家都还没有完成资产阶级革命和工业革命，此时的势力无法与英、法、美相比。但随着它们两项革命的完成，对中国的殖民侵略和掠夺也逐步加深。

总之，随着新航路的开辟，西方国家开始向海外发展殖民地；随着资产阶级革命和工业革命的发生，主要西方国家相继进入资本主义社会，抢占世界商品市场和原料产地的欲望更加强烈；欧洲之外的地区，如非洲、拉丁美洲以及印度相继成为殖民地、半殖民地，这些殖民地、半殖民地国家和地区被迫卷入世界资本主义体系，成为经济附庸。此时，在世界版图上，除了自然条件比较恶劣的非洲腹地外，只剩下大清帝国了。

英国等资本主义国家曾经试图与大清帝国建立商贸关系。在康熙年间，葡萄牙曾派使团出使大清。而规模最大的一次中西交往，发生在距离鸦片战争爆发不到50年的1793年，也就是乾隆五十八年，远在大洋彼岸的大英帝国派出了一支以马嘎尔尼勋爵为首的庞大的代表团出使中国，目的就是要和中国建立现代贸易往来，却遭遇了乾隆皇帝的拒绝，这就是著名的"马嘎尔尼访华"事件；此外，嘉庆年间，英国再次派使团出使，但均以失败告终。

二、鸦片战争为什么会发生？

马嘎尔尼访华之后，也就是18世纪末至19世纪初，欧洲正经历着法国大革命和拿破仑战争，英国无暇东顾，暂时放慢了对远东商业的发展，等到结束了欧洲战事，英国第二次派出使团来到中国，仍未达成通商的意愿。

英国由于正常贸易赚不到利益，于是对中国输入鸦片、进行鸦片贸易。鸦片是一种用罂粟汁熬制而成的麻醉毒品，人一旦吸食就不易戒除。而且鸦片卖得不便宜，道光时期卖到600个银圆一箱，英国向中国输入鸦片的数量不断激增，40年中英国在鸦片贸易中掠走中国白银3亿至4亿元。

鸦片给中国带来了两大危害：一是白银大量外流，直接影响政府的财政；二是越来越多的人吸食鸦片，导致国民身体素质低下。实际上，从乾隆初年，英国东印度公司向中国贩卖鸦片之初，中国政府就是一直严禁的。但是，一方面，当时输入的鸦片数量不多；另一方面，由于鸦片贩子贿赂官吏，所以屡禁不止，也没有得到最高统治者的足够重视。直到道光年间，鸦片贸易愈演愈烈，道光皇帝对于鸦片最为痛心，也是禁烟最坚决的一位皇帝。因为，经过乾隆、嘉庆两朝，鸦片输入的危害在道光朝显得特别严重，可以说达到了一个总爆发。

这时候，朝廷中出现了三种意见：第一种意见主张一面加重关税，一面自己种植鸦片，用国产的鸦片烟来抵御外国鸦片的输入。他们认为，久而久之，外商无利可图，就不会再向中国出口鸦片。这一派意见的代表人物是许乃济，他有着著名的"弛禁论"。第二种意见主张严禁吸食，认为没有人吸，就没有人买，所以，吸食者应该被治以死罪。这一派的代表人物是黄爵滋。第三种意见主张严禁贩卖，认为吸食者只是危害自身，而贩卖者则是祸害他人，所以贩卖之罪应当重于吸食之罪。而广州是鸦片烟的总进口，因为清政府实行的是广州一口通商制度，只要堵住了广州的进口，鸦片就能得到禁止。各省的督抚、大员基本持这种意见。

道光皇帝十分痛恨鸦片，他决定吸食和贩卖都要严加禁止，双管齐下。这时候他起用了一个人，这个人就是湖广总督——林则徐。为什么用林则徐，第一，他官声好，道光认为，鸦片之所以屡禁不止，是很多地方官与外商勾结、中饱私囊所致，所以必须用一个清官；第二，林则徐完全赞成黄爵滋的主张，并且身体力行，率先在湖广实施禁烟，并取得了很好的成果；第三，林则徐很自信，他虽然没有办过"夷务"，但他对外国人说："本大臣家居闽海（福建福州人），于外夷一切伎俩，早皆深悉其详。"①

---

① 　[清] 李圭：《鸦片事略》卷上，文渊阁《四库全书》本，第16页。

接下来，就发生了中国近代史上著名的"虎门销烟"。1839年6月3日，林则徐将在广州收缴的英商走私到中国的20280箱、两百多万斤的鸦片，在虎门海滩进行了彻底销毁，赢得了中外一致赞誉。除了禁烟，林则徐在广州还进行了布防，他购置了几门大炮，并且一直在修缮；他搜集外国船炮的图样，准备仿制；他招募广州的疍民，组织团练。

不甘心被收缴并销毁鸦片的英国人，屡屡制造事端。1839年7月7日，一批英国水手在九龙尖沙咀行凶，殴打当地居民，其中一个叫林维喜的中国村民因伤重死亡，历史上称为"林维喜事件"。林则徐让英国人交出凶徒，英国商业监督义律拒不交出，林则徐下令断绝对澳门英商的食物供给，中英贸易完全停止。义律因为对林则徐的不满，挑起了九龙炮战（香港九龙）和穿鼻洋海战（广州虎门），说明战争是英国人首先挑起的。但是，都被林则徐、关天培等人打退了。义律打了败仗，于是给英国政府写了一封信，极力劝说对中国派兵。英国国会对是否出兵进行了激烈的辩论，最终以271票对262票，仅仅9票的差距决定对中国采取军事行动。1840年2月，英国政府任命懿律为正全权代表、侵华英军总司令，义律为侵华全权副委员、副代表。6月，懿律率舰船40余艘、士兵4000人到达中国海面，标志着第一次鸦片战争正式开始。

三、陈连升与鸦片战争

提到鸦片战争，中国人民都不会忘记林则徐的名字。而陈连升的名字也应当为我们所铭记，因为，他是中国近代历史上第一位为国捐躯的少数民族将领，他的一生与鸦片战争紧密相连。

首先，陈连升对鸦片毒害中国人民的罪行恨之入骨。1839年，由于受到林则徐的赏识，随林则徐调任广州，驻守九龙。正是陈连升在九龙的布防以及其对英军挑衅的英勇抗击下，中国军队取得了九龙海战的胜利。此后，陈连升调守沙角炮台，于1840年8月与英船在磨刀洋展开了激烈的海战并获大胜。然而，随着鸦片战争中局势的发展，林则徐、邓廷桢等主战派被革职查办，主和派琦善等人占据上风，陈连升也受到琦善的排挤。

1841年1月15日，英军大小舰船二十多艘，突然向沙角、大角炮台发动进攻，英军的数量是清军的五倍之多。然而，陈连升毫不畏惧，指挥官兵英勇抗击，歼敌二三百人，但终因寡不敌众而失败。在沙角、大角战役中，陈连升不顾个人安危、冲锋在前，最终不幸中弹身亡。他的两个儿子——陈长鹏、陈举鹏见到父亲为国捐躯，也是连杀数敌，最后投海身亡。陈氏父子英勇抗击英国侵略者的事迹不仅为广东人民所纪念，为他建"昭忠祠"，也为其家乡鹤峰人民所怀念，为其树功德碑。坊间还流传着其坐骑被侵略者掳掠到香港，不吃不喝，为主人殉节而死的传说，被百姓誉为"节马"。

四、个人命运与国家命运的关系

通过对陈连升事迹的学习，当代大学生有哪些启示呢？

首先，要学习陈连升不顾个人利益、舍生忘死，为了国家、民族奋不顾身的爱国主义精神。这就是中国人讲的"天下兴亡，匹夫有责"。

其次，当国家、民族处于危难之际，个人应当始终以民族大义为首要的标准，坚决维护国家的统一和领土完整，维护国家的主权，维护人民的利益，坚决抗击侵略者。

最后，陈连升虽然是清政府的官员，是封建统治阶级的一员，其抗击英国侵略者的行为有维护清朝封建统治的一面，但更具有爱国主义的一面。按照历史唯物主义，评价历史人物必须坚持科学的方法，既要考虑其阶级的标准，也要考虑其历史的标准，要从特定的历史背景出发，根据当时的历史条件，对历史人物的功过是非进行具体的、全面的考察。

[教学建议]

本案例适用于《中国近现代史纲要》（2021年版）教材第一章第一节"鸦片战争前后的中国与世界"、第三节"反抗外国武装侵略的斗争"部分的辅助教学。

第二章

不同社会力量对国家出路的早期探索

案例：鄂西地区的太平天国运动

[教学目标]

1. 掌握太平天国运动爆发的原因及农民斗争的意义和局限性，正确理解太平天国运动失败的原因与教训，认识到农民阶级不可能领导中国真正实现民族独立和国家富强。

2. 以鄂西地区的太平天国运动作为学习和掌握整个太平天国运动的地方视角和史料补充，以期从更为细致的角度深刻了解太平天国运动的具体状况，给予太平天国运动客观公正的评价。

[案例呈现]

鸦片战争后，西方资产阶级进一步加大了对中国的侵略。在一系列不平等条约的加持下，外国侵略主义势力逐渐由沿海推进到内地，从东南的闽粤、江浙一带深入中国腹地，鄂西地区也逐渐受到冲击。加之清朝末年，鄂西地区的阶级矛盾和民族矛盾本就十分尖锐，农民反抗地主阶级、少数民族群众反抗清朝统治者的斗争此起彼伏。剥削和压迫必然带来反抗，更大的剥削和压迫必然带来更加剧烈的反抗，1851年至1864年爆发的太平天国农民战争席卷了大半个中国，鄂西地区也成为太平天国运动后期的重要战场之一。

一、石达开远征，进入鄂西

1851年夏天，洪秀全在广西金田村起兵，史称"金田起义"；9月占领永安，定国号为太平天国，洪秀全自封为天王，并封了杨秀清、萧朝贵、冯云山、韦昌辉、石达开等东西南北翼五个王，称为"永安封王"。就此拉开了太平天国运动的序幕。清廷派了重兵在永安进行围剿。不过洪秀全在 1852 年突围出来，进攻桂林，但是失败了，于是改攻长沙，然后顺着湘江下游一路攻城，在岳州意外收获了吴三桂留下的一批军械，又夺了一些帆船。接着攻下了汉阳、武昌，沿着长江下游进攻，沿途打下了九江、安庆、芜湖，1853 年春攻下南京，改南京为天京，称之为"定都天京"。在太平天国早期的发展中，革命浪潮也席卷了鄂西地区，给地处偏远山区的鄂西人民也带来了强烈的冲击；特别是太平军占领南京之后，势力逐渐席卷了半个中国，形成与清政府对峙的局面，鄂西地区的反清斗争也进入了高潮。1861 年，太平天国的重要领导者之一翼王石达开西征四川，太平军正式进入鄂西地区，鄂西地区的太平天国运动全面展开。

二、太平军在鄂西的斗争

由于天京事变，太平天国早期的领导集体瓦解，天王洪秀全更加猜忌下属，直接导致石达开出走的局面。1857 年 5 月，石达开率领太平天国最后一支精锐部队离开了天京，转战浙江、福建、江西、湖南、广西、贵州、四川等省。1861 年 9 月，石达开下属许桂和部逼近来凤，成为太平军在鄂西斗争的开始。[①] 1863 年 5 月，石达开部在大渡河几近全军覆灭，至 7 月，太平军余部在鄂西的斗争结束。从 1861 年至 1863 年，太平军在鄂西的斗争大致可分为三个阶段 [②]：

第一阶段，从 1861 年 7 月至同年 9 月 14 日，是太平军先遣部队攻打四川、贵州等省，进逼来凤阶段。1861 年 8 月 15 日，石达开先遣部队攻克羊角碛，20 日攻陷黔江县城，直逼咸丰。当地土家、汉、苗各族人民闻讯无不欢欣鼓舞，贫苦底层农民准备联合起来支持太平军。施南各道官兵、豪

---

① 罗福惠著：《湖北通史·晚清卷》，武汉：华中师范大学出版社，1999 年，第 69-70 页。
② 彭冲杰、段超：《湘鄂西地区太平天国运动浅论》，《民族论坛》1996 年第 2 期，第 70-73 页。

绅相互勾结，一方面镇压和屠杀支持太平军的各族百姓，一方面组织乡勇对太平军严防死守。9月13日，太平军接连攻克了黔江县坝河沿河各清军据点，9月14日，过咸丰直插来凤。

第二阶段，从1861年9月15日至1862年2月2日，是太平军攻克来凤，以来凤县城为据点四面出击，并与石达开主力会师来凤阶段。1861年9月15日，太平军进攻老鸦关，驻守老鸦关的乡勇高连生等13人弃关投奔义军。太平军占据来凤县城后，开仓放粮，救济百姓。9月16日，太平军准备进攻距离来凤县城15里的湖南龙山县，然后向湘西发展。但由于湖南永顺协副将张昕率所部救援，攻克龙山县城计划失败，太平军退回来凤县城休整。9月下旬，来凤县城附近诸县清军以及地方地主武装陆续汇集到来凤四周进行布防。太平军只能以来凤为据点，采取各个击破的战术，与清军战斗。9月19日，太平军乘清军立足未稳，逐一攻克龙山各处。至此，湖南龙山和湖北来凤两县大片区域均为太平军所占领。清军不甘失败，多次反攻，均被太平军击败。太平军据守来凤、龙山，并四面出击，为迎接石达开主力会师来凤扫清障碍。1862年年初，翼王石达开亲自率领10万太平军取道龙山县招头寨进入来凤，并于正月初二（1月31日）与先遣部队许桂和部会师来凤。

第三阶段，从1862年2月3日至1863年7月2日，是太平军主力离鄂入川，余部据守恩施，继续斗争的阶段。实现来凤会师的战略目标后，石达开率部于正月初五（2月3日）经咸丰、利川进入四川，留许桂和部留守来凤。石达开走后，大批清军围攻来凤，许桂和不得已主动弃城，于2月12日转战入川。太平军主力部队陆续入川后，仅留李辅猷部在来凤、咸丰等地坚持战斗，直至1863年。虽然石达开主力部队早已撤离鄂西，但清军对太平军留守余部仍旧心生畏惧，不敢轻举妄动。湖南清军全部驻扎在龙山，准备伺机而动。7月2日，留守鄂西的太平军惊闻石达开大渡河战败之事，回师黔江，后又转战酉阳、秀山，出湖南。至此，太平军在鄂西的斗争活动基本结束。

三、太平军鄂西坚持斗争的基础

太平军之所以能够在鄂西地区坚持斗争达两年之久，是有着深层的原因的。主要表现在以下几个方面：

深厚的革命传统。鄂西地区自古是少数民族聚居之地，由于历史上部分统治者采取民族歧视和压迫政策，加之地处偏远，经济不甚发达，人民生活艰难，养成了各族人民善良勇敢、顽强坚毅的个性以及团结一致、携手抗争的革命传统。在元明清以来形成和发展的土司制度下，各族群众由于不堪忍受上到帝王将相，下到各级官吏、大小土司的控制与盘剥，屡屡发动起义。特别是清代乾隆末年，鄂西各地各族贫苦农民反抗地主阶级剥削与压迫的斗争十分激烈，尤以白莲教起义为盛。嘉庆元年（1796），陕西人王子俊自襄阳到来凤，组织教友，预备起义。正月初七（2月15日）起，来凤人向文进、王长清等率众头缠白巾，以白旗为号，揭竿而起。18日，起义军占领了来凤县城。全县各处白莲教徒以及宣恩、咸丰、四川酉阳、湖南龙山三省交界处的白莲教徒闻讯后，纷纷应声而起，起义军迅速发展到万余人。[①] 来凤白莲教起义是嘉庆元年白莲教首领张正谟、聂杰人等在宜都、枝江一带领导的声势浩大的白莲教起义的重要组成部分。来凤、龙山一带的起义也为此后太平军进入鄂西进行革命斗争打下了深厚的基础。近代以来，鄂西地区不堪重负的贫苦农民，有的加入反清秘密会党，参加反对清政府、反对洋教的白莲教起义等，此后又积极声援太平天国革命运动，甚至加入太平军进行战斗。

坚实的群众基础。由于鄂西地区相对偏远，生产力水平低下，贫苦农民长期以来受到官僚地主、各类土司的欺压，所受阶级压迫、民族压迫尤为深重，迫切需要改变现状。因此，鄂西各族百姓对白莲教、太平军基本是支持和欢迎的。太平天国的均田思想在湖北地区得到极大的传播，也吸引了大量农民群众积极响应太平天国的军事行动。尤其是较之腐败的官

① 向子钧、周益顺、张兴文主编：《来凤县民族志》，北京：民族出版社，2003年，第58-61页。

军，太平军军纪严明，也能够尊重当地的民风民俗，特别是对待少数民族群众以平等的姿态，因此赢得了鄂西地区广大人民群众的尊敬与支持。太平军能够在鄂西坚持斗争两年之久，与当地各族百姓的支持与拥护是分不开的。

正确的战略部署。虽然太平军在鄂西的斗争主要发生在太平天国后期，也就是天京事变之后太平天国由盛转衰之际，但石达开部开辟鄂西战场无疑是比较正确的战略决策。鄂西地区是几省交界之地，一方面清军主力较为薄弱，而军事实力较强的湘军、淮军等暂时无暇顾及此地，太平军在此活动没有太大的压力，也有较大的发展空间。此外，鄂西多为山地，适合游击战，石达开部本是太平军中的精兵强将，也有长期与清军交战的经验，而且擅长灵活机动的战术，因此能够屡屡取胜，余部还能在太平军主力撤离之后坚持斗争一年多的时间也很能说明问题。

总之，鄂西地区的太平天国运动虽然不是太平军的主战场，但对当地的影响是巨大的。一方面沉重打击了清政府在鄂西地区的统治，一定程度上减轻和缓和了广大贫苦农民生活上的压力和负担，例如实行一些打击地主、减轻赋税的政策；另一方面，进一步点燃了鄂西地区人民群众的革命热情，传播了革命思想，推动了民族地区革命斗争的实践，为鄂西人民参与和投身民主革命做好了思想和组织上的准备。

[思考讨论]

1. 鄂西地区的太平天国运动爆发的原因是什么？如何看待近代中国农民的自发反帝斗争？

2. 太平天国运动为何能够在鄂西地区得以迅猛发展？太平天国运动对鄂西地区产生了什么影响？

[案例分析]

太平天国的革命运动是中国近代史上第一次革命运动的高涨，它上承两千多年来封建社会频发的农民阶级反抗地主阶级的农民战争，下启鸦片战争之后中国人民反抗西方列强的反侵略民族战争。它是中国近代半殖民地半封建社会开始形成过程中的必然产物，也是中国人民民族意识觉醒过程中的必然产物。因此，这场运动的发生既具有整个中国历史上阶级斗争的普遍性，也具有中国近代历史上反侵略斗争的特殊性。

想要正确认识和理解太平天国农民运动，则需要站在人民的立场，采用马克思主义关于阶级和阶级斗争的观点、关于人民群众创造历史的观点，采取社会基本矛盾和主要矛盾分析的方法、历史分析的方法、阶级分析的方法等，才能更加全面深刻地掌握这段历史的真相，并获得正确的历史认知。本案例以地方为视角，详细阐述了太平天国运动在鄂西地区的发展，为我们学习太平天国运动提供了很多历史的细节，能够帮助我们更加具体地了解太平天国运动。但要注意，对于太平天国农民运动还是要从整体上、全局上去把握其历史意义。

结合本案例可以加深对太平天国运动爆发的原因、太平天国运动得以迅速发展的原因、太平天国失败的原因及其影响等四个问题的认识。

一、太平天国运动爆发的原因

清朝末年，中国社会的阶级矛盾和民族矛盾十分尖锐，各地爆发了反抗清政府统治的农民起义，太平天国运动成为其中规模最大、影响最深的一次农民运动。

太平天国农民运动的发生具有历史的必然性，这个必然性主要体现在封建社会末期，政府极度腐败、人民负担极重，当官府施加在百姓身上的赋税劳役等到了让老百姓生活极端痛苦、忍无可忍之时，就会有人揭竿而起、改朝换代。这就是明末著名思想家黄宗羲所言，封建社会所无法克服的"积累莫返之害"。

清政府的颓势实际在乾隆朝就已现端倪，乾隆皇帝号称"十全老人"，自我总结一生有"十全武功"，指的是两次平定准噶尔（新疆）、平定大小和卓两次平定大小金川（四川）、镇压台湾天地会林爽文起义、征缅甸、征安南（今越南北部）以及两次抗击廓尔喀（今尼泊尔）。然而打仗就要花钱，钱从哪儿来，就要找老百姓去要，"十全武功"虽然取胜，但劳民伤财，加重了人民的负担。乾隆朝的官场腐败已经相当严重，嘉庆帝抄了大贪官和珅的家，据档案所载，和珅的私产达到8亿两白银，相当于当时十几年的国库收入。[①]此后嘉庆、道光两朝，中国几乎没有一天是安宁的。湖北、四川、陕西有白莲教起义，西南有苗瑶起义，东南还有天地会；加之外国资本的进入，进一步加重了人民的负担。1840年鸦片战争爆发，此后10年间，全国各族人民的反清起义达到上百次，社会极度不稳定，农民的日子过不下去了，自然就想到了要改朝换代。在鄂西地区，贫苦农民为了反抗封建统治者的剥削和压迫，也通过秘密结社等方式组织反清武装。嘉庆元年（1796），爆发了张正谟、聂杰人等领导的白莲教起义。鄂西地区的白莲教起义在地方造成极大影响，给清政府带来极大打击，虽然最终被官府所镇压，但也进一步激起了人民的反抗意识。正如马克思1853年在《中国革命和欧洲革命》一文中指出的那样，"中国连绵不断的起义已延续了十年之久，现在已经汇成了一个强大的革命"，"可以大胆预言，中国革命将把火星抛到现代工业体系的即将爆发的地雷上，使酝酿已久的普遍危机爆发"。

二、太平天国运动得以迅速发展的原因

定都南京之后，太平天国开始了建国工作。军事上，以北伐和西征相配合，以及天京城外的破围战。到1856年上半年，除北伐失利外，太平军在湖北、江西、安徽和天京附近等战场都取得了重大胜利。一方面，北伐虽然以失败告终，但牵扯了大量清军，稳固南京的目的达到了；另一方面，西征和东征的胜利，使太平天国政权控制了大片地区，达到了军事上

---

① 徐珂《清稗类钞讥讽》："和珅于乾隆朝柄政二十年，嘉庆己未，高宗崩，仁宗赐之死，籍没家产，所得凡值八百兆有奇，悉以输入内府。时人为之曰：'和珅跌倒，嘉庆吃饱'。"

的全盛时期。鼎盛时期有文献记载，太平天国军队人数有60万，据说还有10万女兵，天国内百姓人数可达到200多万。[1] 那么，作为中国历史上规模最大的农民战争，太平天国为何能够在这一时期得以迅猛发展？

首先，太平天国进行了一系列制度建设，特别是《天朝田亩制度》的颁布，满足了底层农民对土地的愿望，为老百姓描绘出一个理想社会。《天朝田亩制度》上说："凡天下田，天下人同耕，无处不均匀，无人不饱暖。""有田同耕，有饭同食，有衣同穿，有钱同使。"可以说是一个以解决土地问题为核心的社会改革方案。鄂西地区的农民，长期遭到贪官污吏的盘剥，"饥饿沟壑者，不知凡几，逃避迁徙苟延旦夕，而无以自存者，又不知凡几"。因此，这样一个天下大同的社会对底层百姓是极具吸引力的。然而很可惜，均田主义虽有详细的规定，却并未实行。一方面由于太平天国存在的十四年中，一直受到中外反动势力的联合围剿，军事上应接不暇，缺乏实行均分土地的现实条件；另一方面，太平天国的领袖们在政权稍有巩固之时，便很快陷入奢侈腐化的生活中，放弃了为百姓解决实际土地问题的初心。根本上，则是由于均田思想反映出自给自足的自然经济状况下农民小生产者的狭隘性和局限性，没有生产力发展水平和先进生产关系支持下的均田，很大程度上只能是不切实际的空想。

其次，太平天国突出的一点是它反对清王朝。先后颁布了《奉天诛妖救世安民示》《奉天讨胡檄》《救一切天生天养中国人民谕》三篇檄文，讨伐清朝统治者，贴合了当时下层老百姓的愿望，一石激起千层浪，很多人慕名来投。这一点在鄂西地区也表现得非常充分，鄂西地区民族成分复杂，历史上封建统治阶级对少数民族贫苦百姓的歧视和压榨，导致民族矛盾十分尖锐。太平天国的民族革命反映了很多少数民族百姓的心声。当太平军进入鄂西之后，当地土家族百姓加入者甚众。但同时，太平天国的民族革命既有积极的一面，也有消极的一面。积极的一面是调动了广大底层

---

[1] [清]张德坚：《贼情汇纂》，称"金陵建都，精兵六十万"。台北：华文书局，民国初年刻本影印版，1969年。

百姓的反封建力量，壮大了太平天国的实力；消极的一面是，将地主阶级与农民阶级之间的矛盾完全转化为民族矛盾，将打击面扩大。因此，孙中山评价："太平天国即纯为民族革命的代表，但只是民族革命，革命后仍不免为专制，此等革命，不能算成功。"

最后，太平天国早期得以迅猛发展的一个重要原因就是太平军与清军的力量对比。清军当时的官军主要有两种，一种叫八旗，一种叫绿营。八旗是清朝的传统部队，实际上它最早是满人的一种社会组织形式。当年，清军入关、统一全国，依靠的都是八旗军，八旗十分英勇善战。但是，到了清朝末年，八旗基本没有什么战斗力了，因为政府给他们的待遇太好了，用不着他们努力，很多人都是拿空饷、吃亏空，八旗子弟都喜欢干什么？唱戏赌博斗蛐蛐、抽烟茶馆玩乐器，总之就是游手好闲。最后，钱都享乐光了，就开始卖古董，卖完了，就出现了所谓的"八旗生计问题"。营是明朝军制的一个单位，清朝参照明制，以绿色的旗子为标志，称为绿营。绿营主要是收编的一部分明朝的军队以及散落的汉人士兵。在清初平定三藩之乱，以及乾隆朝的"十全武功"，基本都是绿营在打仗。所以，绿营在实战中得到了训练，战斗力逐步超过了八旗军。但是，由于承平日久，到了嘉庆以后，绿营的战斗力也是每况愈下，面对白莲教、太平军都是屡战屡败。作为国家常备军的八旗军和绿营军几乎在清朝末年都没有了战斗力。虽然太平天国的军队在组织结构、训练技术、军器设备、人员培养等各方面都不是很强，甚至是不如官军的。但太平军最大的优势是敢拼命、不怕死，作为一支新生的力量，富有朝气，这是能够在初期取胜的关键因素。在鄂西地区，即便是经历了1856年天京事变之后出走的石达开部，进入鄂西地区后，仍然能够发挥太平军的优势，坚持斗争两年之久。

三、太平天国运动失败的原因

太平天国的失败主要是从内部开始的。太平天国失败有一个导火索就是"天京事变"，天京事变成为太平天国由盛而衰的转折点。天京事变是由洪杨矛盾（洪秀全和杨秀清）引发的，这个矛盾的产生要回到洪秀全创立的拜上帝教。太平天国运动是一个披着宗教外衣的旧式农民革命，它实际上缺乏一个成熟的宗教所具有的完善体系。太平天国是一个"政教一体"的政权，其宗教领袖就是其政权的最高统治者。由于拜上帝教是洪秀全一手创办的，建立政权后，洪秀全顺理成章成为政权的最高统治者。不过，由于一些特殊的事件，导致洪秀全的宗教领袖的地位并不唯一，也就影响了后来其政治领袖地位的不唯一。1964年11月，毛泽东在一次谈话里，就统一领导的问题，以太平天国故事为例，指出："历史上领导多头总是要失败的。太平天国的时候，洪秀全回了一趟广西（应为'广东'），杨秀清说他回到天国了。洪秀全回来时，将领们都是拥护杨秀清的。其实那时杨秀清更年轻有为些，洪秀全应该服从杨秀清的领导。但洪秀全是创教者，是领袖。两权对立，所以失败了。"[①]洪杨矛盾最终引发了导致天国内部自相残杀的天京事变，天京事变造成两个主要危害。第一，破坏了领导集体。东王杨秀清、北王韦昌辉先后被杀、翼王石达开率部出走，加上早期战死的西王萧朝贵和南王冯云山，永安时期的五王均不复存在。第二，破坏了太平军的主力。北王韦昌辉和顶天燕秦日纲在血洗杨秀清的东王府时，接着杀了已经放下武器的杨秀清的5000余人精锐部队。而翼王石达开在杀了韦昌辉、秦日纲等人之后，由于天王洪秀全的猜忌，带走了太平天国的最后一支精锐部队，但是，失去了根据地的石达开，最终在大渡河被清军围剿，全军覆灭。

除了内讧带来的惨痛代价，太平天国还有一个致命的内部问题，就是它的腐败问题。天国领袖们的个人生活十分腐化，包括大兴土木、广纳后宫。定都天京后，洪秀全就在原两江总督府衙的基础上，再向外扩展十里修建天王府，每天动用上万名工人，还要拆毁民房上万间，天王府殿内更是修建得金碧辉煌。天王府如此，处处想要和洪秀全比较的杨秀清，在奢

---

① 陈晋：《毛泽东之魂》（修订本），北京：中央文献出版社，1997年，第370页。

侈腐败方面也丝毫不逊色于洪秀全。他的东王府据说比天王府还要奢华。而且各个封王之间互相攀比，一个比一个修得奢侈。所谓上行下效，这个风气一直持续到太平天国末期，后来被洪秀全提拔的忠王李秀成，其府邸忠王府也是豪华异常。后来，苏州城被湘军攻破之后，李鸿章看到李秀成的忠王府时，还发出了"真如神仙窟""平生所未见之境也"的感慨。早在永安建制之时，洪秀全就有了36个"王娘"，定都天京之后，增加到88个。而其他诸王也是在民间大选美女入府。这些都极大地削弱了太平天国的向心力和战斗力。

此外，太平天国军事战略上也出现了重大失误，如没有与北方的捻军结成同盟；未能正确地对待儒学；对西方资本主义侵略者缺乏理性认识，没有将西方侵略者和人民群众区别开来，甚至将其称为"洋兄弟"，都是其失败的原因。客观上，以曾国藩湘军、李鸿章淮军为主，加上英国人戈登的洋枪队，对太平天国进行了联合围剿，造成了太平军的直接失败。

然而，其失败的根本原因则在于，太平天国的领导者——农民阶级，不是新的生产力和生产关系的代表，具有自身所无法克服的小农思想和阶级局限性，无法从根本上提出系统完善的社会改革方案，由于知识、能力的局限，他们能够想到的最直接的方案就是武力推翻政府，然后取而代之，再次走上封建专制的老路。实践证明，仍然属于旧式农民起义范畴的太平天国无法挽救中国的危局。它的出现起于清朝封建专制的腐朽和没落，它的失败也源于自身继续走封建专制腐朽和没落的道路。也就是说，这样一场革命没有逃脱封建性的束缚，整个社会的现状没有发生根本性的变化。

鄂西地区的太平军是经历了天京事变之后的石达开部，由于灵活机动的战略战术，以及当地各族贫苦百姓的支持，得以坚持斗争两年之久。然而，由于太平天国整体上的颓势，加之石达开部的孤军奋战，在鄂西地区的斗争最终仍以失败告终。

四、太平天国的历史意义和影响

太平天国运动，并不是一场孤立的革命，是19世纪中叶亚洲民族解放运动中，斗争时间最长、规模最大、影响最深的一次革命，与其他亚洲国家的民族解放运动汇合在一起，冲击了西方殖民主义在亚洲的统治，意义深远和巨大。

首先，太平天国在反清和反对封建剥削方面具有伟大的历史功绩。清政府最后被推翻，并非一朝一夕的事情，而是各方力量的长期作用，在太平天国时期，历时14载、起义军转战18省，建立了与清王朝对峙的政权。太平天国运动动摇了清朝统治的基础，是中国旧式农民战争的最高峰，推动了社会生产力的进步。以鄂西地区为例，石达开部两次往返流动于湘鄂川黔接壤地区，消灭大量清军，甚至俘虏清军高级将领周忠福等，有力地支持了当地人民反对封建统治者的斗争。此外，太平天国起义也冲击了孔子和儒家经典的正统权威，一定程度上削弱了封建统治的精神支柱。

其次，太平天国在反对西方列强侵略方面具有伟大的历史功绩。历史学家胡绳先生在《从鸦片战争到五四运动》中是这样评价的："清朝政府已经在鸦片战争中证明是一个禁不起讹诈的政府，它已经在《南京条约》和其他一系列条约上签了字。……第二次鸦片战争的后果不仅表现在这些条约上。经过这次战争，形成了外国侵略者与中国封建统治者联合镇压中国人民革命的形势，使中国封建统治者开始成为西方列强的附庸与工具。"[1]而太平天国则根本不承认清朝政府所签订的条约，"伟大的太平天国农民革命运动虽然失败了，但是它极大地扰动了封建社会的旧秩序，促进了封建社会的崩溃。它向外国资本主义侵略者显示了中国广大劳动人民中蕴藏着的不可估计的强大的革命力量，起了阻止中国殖民地化的作用"[2]。由于太平天国的会众大多是最底层的百姓，在当权的清政府无力抵抗外敌之

_____

① 胡绳:《从鸦片战争到五四运动（简本）》，上海：华东师范大学出版社，2014年，第70、84-85页。

② 胡绳:《从鸦片战争到五四运动（简本）》，上海：华东师范大学出版社，2014年，第124页。

时，还有底层的百姓在奋力反抗，这个力量绝对是一股强大的势力，给予列强以极大的压力和震慑，让他们知道要想完全控制整个中华民族或者说整个中国，绝不是一件轻而易举的事情。

最后，太平天国在启迪后世民主革命方面具有深远的影响力。太平天国还成为民主革命先行者孙中山先生的灵感来源。孙中山在12岁时就立志要做洪秀全第二，孙中山"三民主义"的革命思想及理论也深受太平天国故事的影响。对于鄂西地区而言，也正是太平天国运动的发展进一步激发了人民的民主思想、点燃了这一地区的革命烽火。此后，鄂西地区的各族人民积极投身资产阶级领导的革命洪流中，涌现出温朝忠、黄玉山等一大批革命志士。

[教学建议]

本案例适用于《中国近现代史纲要》（2021年版）教材第二章第一节"太平天国的起落"部分的辅助教学。

第三章

辛亥革命与君主专制制度的终结

案例1：温朝忠、黄玉山武装起义

[教学目标]

1.通过对温朝忠、黄玉山等人生平事迹的了解，掌握早期资产阶级革命派的活动，了解早期资产阶级革命派所建立的革命团体及提出的革命纲领，以及对辛亥革命的爆发所产生的影响。

2.通过对温朝忠、黄玉山等人武装起义经过的了解，了解资产阶级革命派中的仁人志士为了建立资产阶级共和国，实现民族独立和国家富强的不屈不挠的英勇献身精神，并掌握整个辛亥革命的历史过程和重大意义。

[案例呈现]

温朝忠、黄玉山是恩施地区早期资产阶级革命派的代表人物，是孙中山领导的中国同盟会的早期成员，也是恩施地区革命团体"铁血英雄会"的领导者，二人共同领导了宣统三年（1911）的咸黔庚戌武装起义。

温朝忠（1878—1911），字静澄，号果斋，别名温而厉，咸丰大路坝人，土家族。

黄玉山（1849—1911），字明星，咸丰大路坝蛇盘溪人，土家族。

一、革命启蒙

温朝忠出生于今天恩施土家族苗族自治州所辖咸丰县大路坝一个贫苦百姓家庭。温氏自小聪明过人，熟读经史子集，读书过目不忘，尤其喜欢笔记小说中记载的侠义之士的传奇故事，由此萌生出为民请命的志气。清朝末年，内忧外患，温朝忠26岁那年，虽然在温氏族长及亲友的逼迫和敦促下考入了当时四川黔江县县学，却由于不愿送礼得罪了黔江县令王炽昌，被摘掉了秀才的名号。温朝忠却不以为意，以布衣身份还乡，在乡间种地，仍纵谈国事。28岁时，改名"温而厉"的温朝忠在老师王云笠的带领下，参加了四川省立高等师范学校的考试，本来成绩排在全省第一，但由于文章中多是品评时政、议论朝廷之语，主考官虽欣赏其才华和文笔，却不敢将其列为头名，批语"文怪、字怪、名怪"，位列第二，却也得了一个"三怪"的雅号。从温氏30岁以前的事迹，可以看出，他是一个特立独行、侠肝义胆、不畏强权、才华出众之人，这也是他能够投身革命的主观原因。

光绪三十三年（1907），温朝忠在重庆遇到了同盟会员陈芝轩，陈氏刚从日本归国，正要开展革命活动，于是介绍温朝忠加入了中国同盟会，温氏由此开始了自己的革命之路。温朝忠此后有幸见到了孙中山，聆听了中山先生关于推翻清朝、实行共和、建立民国的政治纲领和革命主张，温氏深以为意，更加坚定了革命理想和信念。孙中山、陈芝轩还赠送了《猛回头》《革命军》《建国方略》《民报》等进步书刊给温朝忠，他带着革命理想和革命书籍返回乡里，宣传革命理念、开展革命活动。[1]

黄玉山与温朝忠是同乡、亲友，为人忠厚老实，由于不愿参加科举，仅在乡间从事农商实业，积攒了一些财富，但常常周济乡里，素有侠名。正是在温朝忠回乡宣传革命之际，深受其影响，出财出力，全力资助温氏的革命活动。黄氏的帮助可以说为二人发动的武装起义提供了财力支持和物质保障。

二、创建革命团体

温朝忠回到咸丰之后开展的革命活动如火如荼，主要做了三件大事：

第一，在咸丰、黔江两县大力发展革命骨干、大力进行革命思想的

---

[1]　恩施州政协编：《恩施名人》，北京：中国文史出版社，2007年，第106-107页。

宣传。

第二，成立"风俗改良会"，号召妇女不缠足、百姓不吸食鸦片，提倡强身健体、不做洋奴、保家卫国。这一活动得到当地百姓的大力支持，参加"风俗改良会"的群众达到一万余人。

第三，与黄玉山联合，将"风俗改良会"改名为"铁血英雄会"，后更名为"川鄂湘黔铁血英雄联谊会"，提出"义联英俊，协和万邦，推翻满清，打倒列强，复兴汉族，实行共和"的政治主张。"铁血英雄会"在恩施地区影响很大，最初以亲朋、师友为主，以进步知识分子为骨干，后不断发展和动员农民及小手工业者参加，会员甚众。

温朝忠等早期的革命活动一是为在当地发动武装起义提供了物质准备和组织准备，二是为了策应同盟会其他革命团体的活动。

资产阶级革命派早期革命活动的一个重要形式就是创建革命团体，而温、黄二人建立的"铁血英雄会"却比较特别。首先，与早期大多数革命团体成员以华侨和留学生为主不同，"铁血英雄会"的成员多为当地知识分子和农民，可以说群众基础更牢固、更接地气。其次，"铁血英雄会"是直接在孙中山先生"三民主义"思想的指导下以及同盟会组织建立之后产生的，有了比较明确的目标，既提出了"推翻满清"的反封建口号，又提出了"打倒列强"的反侵略任务，并且提出了"实行共和"的社会理想，这是非常难能可贵的。其"复兴汉族"的目标，显然体现了中山先生早期的"民族主义"，旨在以革命的手段推翻清政府，改变清政府民族歧视和民族压迫的政策；但也存在一定的狭隘的民族主义思想，未能将民族矛盾和阶级矛盾区分开来，既不能明确地把汉族军阀、官僚、地主作为革命对象，从而给这部分人投机革命、破坏革命提供了机会，也不利于团结各族人民群众共同革命。

三、武装起义

经过几年的革命活动，"铁血英雄会"的规模不断扩大、实力不断增强。宣统二年（1910）12月底，温朝忠召集黄玉山、王克明等在四川彭水凤池山秘密集会，准备起义。但不料消息走漏，被人告发，于是提前起事。

宣统三年（1911）1月3日，温朝忠率领义军200余人宣誓起义，发布《讨满檄文》，组建"川鄂国民革命军"，温朝忠任司令总长。士官均剪掉辫子，佩戴"铁血"臂章，外衣书写"国民军"字样，以示区别。义军受到百姓的支持，加入者甚众，达到万人之多。革命军一举攻破黔江县城，但遭到了清军的围剿，义军进行了殊死搏斗，无奈武器不够精良，加之寡不敌众，义军损失大半，仅剩200余人。温氏亦中弹，又遭官军砍杀，殉年年仅32岁，就义前烧掉"铁血英雄会"及革命军军官名册，保护了同志，有勇有谋。起义失败后，黄玉山也被官军缉捕，慷慨就义，时年63岁。临刑前，黄玉山神态自若，高呼："我等为革命死，必能留名千载，遗憾的是没有亲眼见到革命的成功！"[1]令在场群众无不动容。

辛亥革命胜利后，当地百姓十分怀念温朝忠、黄玉山等人的英雄事迹，将其故事编成歌谣，广为传颂。

[思考讨论]

1. 结合温朝忠、黄玉山武装起义的经过及失败，探讨资产阶级共和国的方案在中国行不通的原因是什么？

2. 通过对咸黔庚戌武装起义原因及意义的探讨，说明辛亥革命所具有的伟大历史意义。

[案例分析]

19世纪是中国历史发展的关键时期，中华民族遭遇到了前所未有的大变局。鸦片战争让大清知道，自己不是英国人的对手，也不是欧美列强的对手；太平天国让大清知道，自己的军队连对付农民起义军也很吃力；

---

① 鄂西土家族苗族自治州文化局编：《鄂西历史人物》，1983年，第13页。

洋务运动让大清知道，连我们过去看不起的日本也走到了我们前面。中华民族该如何走出困境？一批有识之士在国家民族危亡之际，挺身而出，不计个人名利，不惜牺牲性命，在提倡民主思想、反对封建专制、建立共和国家的道路上做出了巨大贡献。这批人中，除了大名鼎鼎的孙中山、黄兴、宋教仁，实际还有很多声名并非鼎盛，却为中国民主革命付出鲜血和生命的早期资产阶级革命者，他们的名字理应为当代大学生所铭记，他们的事迹应镌刻在中华大地这片热土之上。

本案例中，温朝忠、黄玉山就是其中恩施资产阶级革命派的代表人物，他们在恩施的土地上传播了革命的思想、创建了革命的团体、进行了革命的斗争，他们的事迹至今为恩施人民所传颂。他们的活动是中国早期资产阶级革命派革命斗争的重要组成部分，为中国资产阶级革命派领导的辛亥革命的到来创造了条件。

案例中，温、黄二人的革命行动是当时全国范围内资产阶级革命党人开展革命活动的缩影，亦是当时资产阶级民主革命思想开始在中国得以传播，为少数先进分子所接受并实践的产物。因此，以二人之事迹，可以观全国革命之概况。

首先，在19世纪末至20世纪初，在农民阶级、地主阶级中的开明人士、资产阶级改良派等对国家出路的早期探索接连失败的境况下，中国先进的知识分子们越来越意识到，只有彻底地反封建，也就是要彻底地推翻封建专制，才能全面吸收西方先进的文化和制度，才不至于"高度西洋化的日本战胜了低度西洋化的中国"（中日甲午战争的评价）的情形再次出现。在这一意识的指导下，很多革命者留学日本，也开启了中国近代知识分子从学习欧洲转而学习日本的方向，而第一个全国性的资产阶级革命党——中国同盟会，也是由孙中山、黄兴等于1905年在日本东京创建的。

而温朝忠正是在从日本留学归国的同盟会员陈芝轩的影响下，接受了先进的革命思想并加入同盟会的。黄玉山又是在温朝忠的影响下，被发展为革命者的。可见，革命的火种，不断传播，生生不息，终成烈焰。

　　其次，从温、黄二人在恩施地区创建的革命团体"铁血英雄会"的发展历程，亦可了解到当时全国范围内已然兴起了创建革命团体的热潮，这也是早期资产阶级革命党人进行革命活动的首要和主要的方式与手段。

　　早期，由于国内环境的限制，革命党人的活动首先是从海外开始的，革命党人的身份大多数是留学生和华侨。这一时期，革命的重要表现形式就是创建革命团体并发动起义。正如革命家吴玉章所说："革命是唯一出路，要革命，首先要有革命的组织。"1894年，孙中山先生在美国檀香山创建的兴中会成为第一个革命组织。1904年，蔡元培、章太炎、陶成章等在上海创立的光复会在长江下游和日本留学生中产生了巨大影响。1904年，黄兴、陈天华、宋教仁、刘揆一等在湖南长沙成立了华兴会。但早期革命团体有很多局限性，用吴玉章的话来说："无论光复会也好，华兴会也好，都缺乏明确而完备的纲领，更没有严密的组织，而且都受地方性的局限，不足以领导全国日益高涨的革命运动。"[1]而"日益高涨的中国革命运动，迫切地需要一个比较集中统一的领导机关"[2]。于是，1905年，孙中山在东京又创立了革命政党，这就是中国同盟会，"同盟会是在革命运动逐渐高涨的基础上建立起来的，而同盟会的建立又推动了革命运动进一步的高涨"。[3]

　　最后，正如温朝忠、黄玉山领导的咸黔庚戌武装起义一样，早期资产阶级革命派开展革命活动的一种重要方式就是进行武装起义并夺取政权。革命党人所组建的团体以暗杀和武装起义为主要手段。

　　清末著名的暗杀事件有很多，如1905年，吴樾在北京用炸弹袭击即将出洋考察的五大臣，结果以身殉国，当时26岁的吴樾曾经写过一本小书《暗杀时代》，所以，清末的最后10年也被称为"暗杀时代"。1907年，徐锡麟在安庆巡警学堂的毕业典礼上，射杀巡抚恩铭。次日，徐锡鳞被斩

---

① 吴玉章：《吴玉章回忆录》，北京：中国青年出版社，1978年，第31页。
② 吴玉章：《吴玉章回忆录》，北京：中国青年出版社，1978年，第30页。
③ 吴玉章：《吴玉章回忆录》，北京：中国青年出版社，1978年，第38页。

首剖心。1910年，汪精卫刺杀摄政王载沣（溥仪父亲）被捕，后来获释，汪精卫所在的组织叫作"北方暗杀团"。此外，广州、长沙、北京等地都有革命党的暗杀团。暗杀在一定程度上震慑了清政府的当权者，但也令革命党损失了大批的精英。

另外一种形式就是武装起义。早在兴中会时期，就有孙中山领导的广州起义，陆皓东等人牺牲。同盟会成立后，武装起义的数量和规模都扩大了。最著名的有萍浏醴起义、浙皖起义、镇南关起义、黄花岗起义等。这一时期起义的特点有三：第一，主要集中在南方各省。显然，革命党的势力在南方比北方要大。第二，革命参与者的范围越来越广泛。过去大多数是会党成员和留学生。现在，包括工人、军人、民兵等社会各个阶级和阶层的人员。像萍浏醴起义就是萍浏醴的会党和矿工共同发动的，浙皖起义是徐锡麟领导会党和新军发动的，镇南关起义的主力是广西的乡勇，黄花岗起义的烈士身份有留学生、华侨，还有工人。第三，这些起义都失败了，并且遭遇了清廷的残酷打击。但是，反过来却让革命者的意志变得更为坚定，也让更多的民众了解了革命的意义。

这一切为即将到来的武昌起义和辛亥革命创造了基础和条件。

[教学建议]

本案例适用于《中国近现代史纲要》（2021年版）教材第三章第一节"举起近代民族民主革命的旗帜"、第二节"辛亥革命与中华民国的建立"、第三节"北洋军阀统治与旧民主主义革命的失败"部分的辅助教学。

案例 2：共和功臣朱和中

[教学目标]

1. 通过对朱和中生平事迹的了解，掌握辛亥革命爆发的历史背景和资产阶级革命派的主要活动；通过对资产阶级革命派的活动和辛亥革命的过程的学习，了解资产阶级革命派为实现民主共和所付出的努力和坚持不懈的斗争精神。

2. 根据朱和中的革命活动以及其对辛亥革命及民国建立的历史贡献，分析资产阶级革命派的建国方略及其局限性。

[案例呈现]

中国资产阶级革命派中，有一位被誉为"同盟会先天会员"的重要人物，他就是朱和中。[①]

朱和中（1880—1940），原名朱大顺，字子英，出生于建始县花坪上百坦。早年便投身中国民主革命，是湖北著名的革命团体——日知会的组织者之一，深受孙中山先生器重，一生为践行自己的革命理想而奋斗。

一、革命准备

朱和中在辛亥革命爆发前的革命活动大致可以分为三个阶段：

1. 留学德国，学习军事及宪政

朱和中军事出身，15 岁入选湖北武备学堂，该学堂由晚清名臣张之洞于 1895 年创办于武汉，张之洞时任湖广总督，学堂教师均聘请德国退伍军官，学生也都是通过严格的考试选拔产生。

---

① 刘祖昆：《被誉为"同盟会先天会员"的民主志士——朱和中》，《清江论坛》2011 年第 4 期。

清政府腐败无能，由开明地主领导的洋务运动也无法挽救危局，1894年中日甲午战争爆发，中国战败，1895年清政府被迫签订了丧权辱国的《马关条约》，清政府对日本深恶痛绝。在此背景下，1896年，沙皇俄国看准时机，以"共同防御"日本为诱饵，胁迫清政府委派李鸿章赴俄签署《中俄密约》。《中俄密约》允许俄国横穿中国领土修筑西伯利亚大铁路，该铁路在中国境内部分被命名为东清铁路，即中东铁路，此举严重危害了中国的主权，为沙俄进一步侵略中国，控制我国东北地区，获取远东霸权提供了便利。1901年，《中俄密约》内容传至湖北，引发湖北数百名学生的集体抗议，朱和中尤其义愤，将手中折扇拍成碎片，并发出"忧社稷之将倾，立报国之宏愿"的呼声。朱和中成为湖北进步学生的领导者之一，并暗中集合进步力量组建爱国革命团体。

1903年，湖广总督张之洞为了分散进步学生势力，遂遣其中尤为激进者远赴西洋留学，朱和中便在其中，同伴本劝他不要离开湖北，但朱和中认为，正可乘此机会寻访孙中山先生，探讨革命大事。朱和中先就读于德国陆军步兵学校，后转入柏林兵工大学学习，这段经历为他日后在军事上的建树奠定了基础。朱氏聪颖好学，在欧洲留学期间，掌握了德、俄、英、比等多国语言及文字，并研究宪政，翻译《德国宪法》一书，为其在民国建立中的贡献奠定了基础。

2. 组建日知会，发动新军

朱和中在德国留学期间，就曾为孙中山先生筹集革命经费。1904年，中山先生前往比利时首都布鲁塞尔，朱和中以留学生代表身份去码头迎接，并与中山先生有了一次重要会晤。孙中山与留学生畅谈革命事业，阐述三民主义、五权宪法等主张，朱和中则向中山先生讲述了湖北的革命形势，并向中山先生建议"更换新军士兵头脑，开通士子知识至为重要"，此一主张成为武昌起义爆发的先声。

此外，湖北进步人士刘静庵、曹亚伯等人发起，于1906年在武昌成立革命团体日知会，朱和中也是日知会的组织者之一。日知会会员分布广泛，有军人、知识分子、宗教人士及会党成员等，尤其是在湖北新军中开展革命思想的宣传和教育，产生了重要影响。可以说，日知会为武昌起义的爆发起到了积极的推动作用，为辛亥革命提供了思想和人才上的准备。

3. 协商革命方略，缔结革命同盟

朱和中等与孙中山先生比利时会晤期间，中山先生提出要改良会党，并提议组织"比京结盟"，要求所有人共同宣誓，但当时很多人持其他意见，不愿宣誓。这时，朱和中坚定地站在了中山先生一边，直言："我辈既决心革命，一切皆可牺牲，何怕宣誓？"于是，中山先生亲自撰写了誓词，众人进行了宣誓。

朱和中从布鲁塞尔返回柏林后，继续筹建革命同盟，联合20余人组建"柏林同盟"，并请孙中山赴德主持结盟仪式。中山先生欣然前往，并住在朱和中寓所，两人在12天的时间里，共商革命方略。离别之际，为表革命之坚决，朱和中与孙中山破指血誓："矢信矢忠，矢始矢终，倘有食言，愿受九刀十八洞，九棍十八穿之刑也。"[1] 此后，朱和中又与中山先生在法国巴黎进行了第三次会盟。三次会盟前后，有多人背弃盟约，然朱和中始终如一，始终坚定自己的革命立场、誓死不变。

1905年，孙中山先生在日本东京宣布，将海内外所有革命团体合并为中国革命同盟会，朱和中即为同盟会会员，亦为同盟会旅欧支部成员。

二、创建民国

1. 革命爆发，急速归国

1911年10月10日武昌起义爆发时，孙中山还在海外，朱和中等也还在德国，中山先生得知消息后，马上电令在德国的同盟会员要尽一切努力阻止清政府在德国购买军火去镇压革命，这件事即由朱和中办理。朱和中利用自己的军事背景，迅速与德国几家洋行交涉，并联络海轮上的华工，将武器装备运到了革命军手中。

---

[1]　鄂西土家族苗族自治州文化局编:《鄂西历史人物》，1983年，第15页。

1911年底，孙中山从海外回到上海，被选举为临时大总统；1912年1月1日，在南京宣誓就职，改国号为中华民国，成立中华民国临时政府。朱和中等也迅速赶回国内。

2. 担任要职，筹备民国

1912年1月中旬，朱和中回到国内，担任参谋总部第二局局长，后改任参谋总部高级参谋，协助中山先生商讨国策，稳定局面。南京临时政府是一个资产阶级共和国性质的革命政权，集中代表和反映了中国民族资产阶级的利益，相当程度上也反映了广大人民的利益。但其局限性也是致命的：第一，承认清政府与列强订立的一切不平等条约和外债，企图换取列强的承认；第二，没有满足农民对土地的要求，反而以保护私有财产为由，维护了封建土地制度，以及官僚、地主所占有的土地和财产。这时候掌握政权的虽然以资产阶级革命派为主，但成分复杂，部分立宪派和旧官僚也投机革命，即便是革命党人，很多也蜕变为新军阀、新官僚。3月颁布的《临时约法》，是中国历史上第一部具有资产阶级共和国宪法性质的法典，《临时约法》以根本大法的形式废除了两千多年来的封建君主专制制度，确认了资产阶级共和国的制度。

然而，为了实现全国的统一，革命党人选择了与旧势力的代表——袁世凯妥协，经过南北议和，孙中山辞去临时大总统职务，由袁世凯在北京就任。孙中山辞去临时大总统职务时，曾附加必须以南京为首都、总统必须在南京就职、必须遵守约法三个条件，结果袁世凯一个也没遵守。临时政府北迁后，朱和中担任了总统府高级顾问的职务，朱和中依然常常向中山先生汇报时局、共商国是。此外，朱和中还曾与胡汉民、黄兴、王宠惠、于右任等同盟会元老们呈请孙中山先生设立国史院，编纂中华民国建国史，此举亦是为了巩固辛亥革命的成果，实现民主共和的需要。

三、果实被窃

1. 二次革命，南下护法

袁世凯窃取了辛亥革命的果实，建立了代表大地主和买办资产阶级利益的北洋军阀的反动统治。1913年，在经历了宋教仁遇刺事件后，以孙中山为代表的革命党人进一步看清了袁世凯及北洋政府的真面目，各地纷纷武装讨袁，爆发了二次革命，所谓"二次革命"是相对于辛亥革命而言的，是孙中山领导的讨伐袁世凯的武装斗争，根据地主要还是在南方。但南方七省国民党人的"二次革命"最终都因袁世凯的武力镇压而失败。

即便是在举国上下的反对之下，袁世凯仍实行独裁和军阀统治，并在1916年1月1日正式称帝，自己做了中华帝国的皇帝。袁世凯的倒行逆施使得新生的中华民国很快陷入了政治混乱的局面之中。为了恢复民国，云南首先发难，蔡锷、唐继尧、李烈钧武装讨袁，宣布独立，南方各省纷纷效仿，这就是护国运动。护国运动迫使袁世凯于1916年3月取消帝制。

袁世凯6月6日病死。袁世凯死后，黎元洪和段祺瑞发生了府院之争，张勋借机扶植溥仪复辟，但很快被段祺瑞赶跑，段祺瑞控制了北洋政府。段祺瑞以再造共和的功臣自居，强迫黎元洪解散国会，拒不执行《临时约法》，于是引发了孙中山先生领导的护法运动，希望借助西南军阀的势力打倒北洋军阀。首先在广州召开国会非常会议，就是为了恢复国会和《临时约法》，并成立了以孙中山为大元帅的护法军政府，决定出师北伐。中山先生南下护法时，朱和中也在广州，并先后担任军政府秘书、厅长和机要秘书等职务。

无论是二次革命、护国运动还是护法运动，朱和中始终站在孙中山一边，站在坚决进行革命、实现共和政治的一边。

2. 赴德活动，寻求结盟

1922年，孙中山策划与德国、苏联结盟，由于朱和中对德国情况比较熟悉，他被委派前往德国进行活动。1923年4月，朱和中被孙中山任命为大本营高级参谋。1924年，朱和中担任广东兵工厂厂长，后随孙中山北上。1925年，朱和中被孙中山派遣去苏联考察军事和政治。

3. 追随孙文，为其治丧

朱和中在出访苏联期间，闻知孙中山病危，立即返程，中山先生已经辞世，朱和中悲痛不已，书写挽联"匹夫而跻帝王之尊，偏薄帝王而不为，倡平等，争自由，殚毕生精力，为国为民，直使尧禅舜让都成刍狗；一身而系天下之望，竟弃天下而长逝，先觉亡，导师失，合举世群伦，如怨如慕，遂令欧风美雨尽化啼鹃"①，全面总结了孙中山先生伟大而光辉的一生。朱和中还参与了孙中山先生的治丧活动，负责国外的吊唁电报及翻译事务。在中山先生灵柩被移至北京中央公园社稷坛时，引导人被分为左右绋，右绋执尾者即为朱和中，可见其与中山先生的亲密关系。

四、壮志未酬

朱和中的前半生始终追随孙中山先生，为革命、为共和不辞辛劳、努力奔走，虽有辛亥革命推翻帝制、建立民国之功，无奈又有袁世凯窃取革命果实、实行专制统治。从根本上说，在帝国主义时代，在半殖民地半封建的中国，资本主义的建国方案是行不通的。

朱和中的后半生，依旧为国家政治、军事事业不断奔波。1927年，担任广东兵器制造厂厂长。1928年，受国民党派遣出使欧美。后任国民政府总务、中国国民党中央党史史料编纂委员会名誉编纂等职务。但由于对国民党内蒋介石独裁统治的失望，他逐渐脱离军界、政界。直到抗日战争爆发，他不齿蒋介石的卖国行径，选择告老还乡。国民政府迁都重庆后，朱和中赴重庆议事，听闻荆州、宜昌被日军攻占，急火攻心，不幸辞世，终年60岁。可以说，他毕生虽有报国之志，却壮志未酬。

[思考讨论]

1. 通过对朱和中生平事迹的了解，阐述其在辛亥革命及建立民国中所做出的历史贡献。

2. 结合朱和中在辛亥革命前后的革命活动，探讨辛亥革命失败的原因。

---

① 胡永铸：《辛亥革命对少数民族地区的深远影响——以湖北恩施土家族苗族地区为例》，《湖北民族学院学报（哲学社会科学版）》2011年第5期，第14页。

[案例分析]

朱和中被誉为"共和功臣",也是辛亥革命时期最具影响力的领导者之一;辛亥革命之火能够率先在湖北点燃,与朱氏长期以来的革命活动密不可分。然而朱氏对共和肇始之功,却并未得到学界及民间的充分重视和评价,不能不说是一种遗憾。本着立足地方、弘扬正气的初心及使命,将朱氏之事迹引入《中国近现代史纲要》课的教学之中,有益于对武昌起义、辛亥革命、民国建立等重大历史事件之具体细节的补充和把握,且有益于加深学生对于辛亥革命爆发历史背景、历史过程、失败原因及历史意义的理解和掌握。

一、辛亥革命爆发的历史背景

1. 民族危机空前严重

19世纪末20世纪初,帝国主义列强加强了对华侵略,进一步加深了中国的民族灾难,但是也激发了中国社会各阶层的危机意识和变革意识,成为推动资产阶级革命的动力。案例中,朱和中就是在这样的背景下成长为资产阶级革命派的。

帝国主义国家为了巩固和扩大各自的在华利益,加紧对华输出资本,掠夺通商和路矿利权,并同时扩张自己的势力范围,各帝国主义为了侵略利益,进行激烈的角逐,导致矛盾日益尖锐,矛盾的激化集中体现在日俄战争的爆发上。

1900年,沙俄出兵占领中国东北,并拒绝退兵,妄图在东北推行"黄俄罗斯"计划,这与日本夺取中国东北的侵略政策发生了严重的冲突。在英、美的支持下,1904年2月6日,日本向驻扎在旅顺的俄国军舰发动突然袭击,日俄战争爆发。日俄战争是两个帝国主义国家为了争夺中国领土、争夺远东霸权而展开的一场战争。可笑的是,这场战争竟然在中国的领土上进行,战场在中国东北,给中国的百姓带来了巨大的伤害;清政府除了划出"交战区"外,还要严守局外中立。在美国的调停下,1905年9

月，双方签订了《朴次茅斯条约》，重新划分了在中国的利益，战争结束。战争期间，英国在我国西藏燃起战火，德国也将炮舰驶入长江，中国的民族危机空前严重。

2.《辛丑条约》使清政府彻底沦为"洋人的朝廷"

戊戌维新运动失败以后，列强对中国的瓜分更加严重，激起了中国人民自发的反抗，爆发了义和团运动，实际也是教案问题的总爆发。义和团运动也成为1900年八国联军侵华的导火索。列强再次劫掠中国，清政府再次签订了丧权辱国的不平等条约——《辛丑条约》（1901年）。《辛丑条约》是中国近代史上赔款数额最大、主权丧失最严重、精神屈辱最深沉，从而给中国人民带来空前灾难的不平等条约。标志着以慈禧太后为首的清政府已经彻底放弃了抵抗外国侵略者的念头，甘当"洋人的朝廷"，中国完全沦为半殖民地半封建社会。

3. 清末"新政"及其破产

面对内外交困，万般无奈之下，1901年4月，清政府准备实行"新政"，以图苟存。然而，这个所谓的"新政"其实是清廷的自欺欺人。

"新政"的主要内容有四点：第一，设立商部、学部、巡警部等中央行政机构。第二，裁撤绿营，建立新军。第三，颁布商法商律，奖励工商。第四，鼓励留学，颁布新的学制，从1906年起正式废除科举考试。这四条一点也不新鲜，几乎就是维新派当年提出的主张。然而，形势已经不是戊戌变法时期，首先，民族危机空前严重；其次，人民斗争风起云涌。在人民的压力下，清政府不得不在1906年宣布"预备立宪"：1908年颁布《钦定宪法大纲》，却又规定了9年的预备立宪期；派五大臣出洋考察后，组建的还是一个"皇族内阁"。所以，这完全是一场虚假骗局。

我们可以对比一下中国和日本的情况：日本历史上有一个著名的岩仓使节团，1871年，明治政府派出了以右大臣岩仓具视为首的49人高官使节团出访欧美12个国家，日本几乎派出了当时政府官员总数的一半，还有50多名留学生随行。这其中就有明治维新的后三杰之二——大久保利通和木户孝允，另有后来成为日本首相的伊藤博文。经过1年零10个月的时间，使团回国后写下了长达百卷的考察实录，认识到日本必须发展资本主义，并且日本找到了自己的老师——德国。反观清末的五大臣出洋考察，顶多算走马观花了一趟，回来也主张要立宪，但载泽（五大臣之一）给慈禧的奏折言明，立宪的目的是可保"皇位永固"。

因此，清末的虚假新政使得资产阶级以及人民群众更加看清清政府的腐朽本质，革命一触即发。

4. 资产阶级革命派的活动

1894年冬，孙中山在檀香山创立了第一个资产阶级革命团体——兴中会，随后在香港成立总部，提出了"驱除鞑虏，恢复中华，创立合众政府"的革命目标。此后，比较有代表性的革命团体主要有1904年由黄兴等创办的湖南华兴会、1904年由蔡元培等创建的江浙光复会、1906年由刘静庵组织的湖北日知会等，朱和中也是日知会的组织者之一。这些革命团体推动了各地革命运动的发展。辛亥革命在湖北武昌首先爆发，与日知会的作用密切相关。

特别是1905年孙中山会晤了宋教仁、黄兴等人，联合兴中会、华兴会、光复会和其他革命团体，成立了统一的革命政党——中国同盟会。同盟会的成立，基本结束了革命小团体分散斗争的局面，一定意义上统一了各地革命的步调。尤其是孙中山"三民主义"的提出，是一个比较完整而明确的资产阶级民主革命纲领，对推动中国革命的发展产生了重大而积极的影响。

此外，资产阶级革命派还进行了大量的宣传和组织工作。如创办革命刊物，这一时期，章太炎的《驳康有为论革命书》、邹容的《革命军》、陈天华的《猛回头》和《警世钟》对于启发人民的民主觉悟，组织和壮大革命队伍，推动革命形势的发展，作用尤为显著。

在资产阶级革命派的宣传活动中，最能扩大舆论阵地，传播民主革命思想的是革命派与康有为、梁启超代表的保皇立宪派的论战。这次大论战发生在1905—1907年，中心战场在日本，革命派的主要阵地是《民报》，改良派的主要阵地是《新民丛报》，论战主要围绕"要不要以暴力推翻清王朝""要不要推翻帝制，实行共和""要不要进行社会革命"三个问题展开。这场思想论战以革命派的胜利而告终，为即将到来的辛亥革命做好了舆论准备。

同时，资产阶级革命派还组织了诸多起义，如兴中会成立后，孙中山在广州组织了广州起义和惠州起义。同盟会成立后，积极开展革命的宣传和鼓动工作，联络会党和新军发动了一次又一次的武装起义，包括1906年12月的萍浏醴起义、1907年6月的惠州七女湖起义、1910年2月的广州起义和1911年的黄花岗起义等。起义虽然都失败了，但进一步扩大了革命的影响力。

二、辛亥革命发生的历史过程

两湖地区这时候有几个革命团体：一个是湖北新军中的蒋翊武在武昌组织的文学社；另一个是在湖南活动的焦达峰和在湖北活动的孙武、居正二人共同组成的共进会。谭人凤、蒋翊武、焦达峰、孙武、居正五人成为武昌起义以及辛亥革命的元勋。他们原本想在长江流域经营几年后再起事，但由于四川、湖南、湖北、广东发生了保路运动，于是决定在辛亥年的秋天起事。

1911年5月，时任清廷邮传大臣的盛宣怀策划了一件大事，就是"铁路国有"，试图将本来由商办的川汉、粤汉铁路收归国有，这两条铁路当初由于政府没钱，才交给民间集资修建。现在，国家要收回，但是又没有足够的资金还给当初出资的人；同时，清廷迫于英法德美四国的压力，不得不向他们借款，而以收归国有的铁路作为抵押。于是引发了四川各界的强烈反对，从四川至湖南、湖北，大规模的民众抗议掀起了轰轰烈烈的保路运动。人们将这个责任怪罪在盛宣怀头上，大呼"盛大臣卖国奴"，盛宣怀也因为保路运动而在尚书任上离职。

而保路运动引发的民愤直接催生了辛亥革命。各地的保路运动发生后，清政府慌忙之中急遣川汉、粤汉铁路督办端方调湖北新军入川镇压保路同志会，结果到了四川的资州时，端方被新军杀了，这批新军起义了；另外，湖北新军被调入川后，造成了武昌城的空虚，于是武昌的革命党人顺势发动了武昌起义。湖北新军工程营第八营革命党人熊秉坤等人打响了武昌起义的第一枪。结果是起义军夺取了政权、建立了湖北军政府、宣布湖北独立。

武昌起义之后，革命的火焰迅速在全国蔓延。此后一个月内，湖南、陕西、江西、山西、云南、安徽、江苏、贵州、浙江、广西、福建、广东、山东等十三个省相继宣布独立。

辛亥革命后，各个独立的省份都选出了代表，大家共同制定了《临时约法》，并且一致推举孙中山为中华民国临时总统，民国建立了。但革命的果实却被袁世凯所窃取，袁世凯窃取了辛亥革命的果实之后，建立了代表大地主和买办资产阶级利益的北洋军阀反动统治。可以说，辛亥革命事实上是失败了。

三、辛亥革命失败的原因及意义

1. 辛亥革命失败的原因

从案例可知，从缔造共和、建立民国，到维护共和、武装反袁，朱和中始终坚定地站在孙中山先生一边。然而事与愿违，不但辛亥革命的果实被袁世凯所窃取，而且无论是二次革命、护国运动还是护法运动，均以失败告终。不禁令人思考：辛亥革命为何会失败？进一步深思，就是"中国的资产阶级革命为何会失败"的问题。

辛亥革命的失败，从根本上说，是因为在帝国主义时代，在半殖民地半封建的中国，资本主义的建国方案是行不通的。康梁戊戌维新运动的失败说明改良的方式在中国走不通，革命的方式也走不通吗？实际上并不是方式出了问题，而是选择的道路、选择的社会制度出了问题。当时，孙中山、朱和中等先进的中国人真诚希望把中国建成资产阶级共和国，但他们低估了侵略者的野心，更不了解帝国主义的本质，不明白列强是决不会希望和容许中国建立一个独立、富强的资产阶级共和国的，这是违背资本对外扩张和掠夺本质的。因此，辛亥革命失败的客观原因是外国帝国主义和本国封建势力相互勾结，联合扼杀了这场革命。

主观方面来说，在于其领导者即资产阶级革命派本身也存在着诸多问题，而问题的根源在于中国民族资产阶级与生俱来的软弱性和妥协性：

第一，没有提出彻底的反帝反封建的革命纲领。当时中国社会的主要矛盾是帝国主义与中华民族、封建主义与人民大众之间的矛盾。中国民族革命的主要敌人是帝国主义，但资产阶级革命派不仅不敢触动帝国主义的在华特权，而且还幻想得到帝国主义对中国革命的同情和支持；对于封建势力，革命党人虽然强调反清和建立共和政体，却没有触动封建土地制度和彻底摧毁旧的国家机器，没有明确地把汉族军阀、官僚、地主作为革命对象，从而给这部分人投机革命、破坏革命提供了机会。

第二，不能充分发动和依靠人民群众。由于没有正面触及封建土地所有制，并且承认官僚地主对原有土地的所有权，不能满足广大农民对土地的要求，也无法调动广大农民参与革命，只能孤军奋战。

第三，不能建立坚强的革命政党，作为团结一切革命力量的强有力的核心。资产阶级革命派领导的辛亥革命实际缺乏统一的领导核心，原因是其内部派系纷杂，政党组织十分松懈，在革命胜利发展时就已经四分五裂了。

2. 辛亥革命伟大的历史意义

辛亥革命是20世纪中国所发生的第一次历史性巨变，是一次比较完全意义上的反帝反封建的民族民主革命。它的意义在于：

推翻了封建势力的政治代表、帝国主义在中国的代理人清王朝的统治，沉重打击了中外反动势力，使中国反动统治者在政治上乱了阵脚。

结束了中国两千多年封建社会的君主专制制度，建立了中国历史上第一个资产阶级共和政府，使民主共和的观念开始深入人心，并在中国形成了"敢有帝制自为者，天下共击之"的民主主义观念。袁世凯复辟维持了83天，张勋复辟仅仅12天就是最好的证明。

推动了中国人民的思想解放。有一点很重要，过去无论朝代如何更替，总有人要做皇帝，老百姓也认为皇帝的存在是天经地义的，但是，辛亥革命打破了这一点，皇帝可以不必有，这就是最大的思想解放。

推动了中国的社会变革，促使中国的社会经济、思想习惯和社会风俗等方面发生了新的积极变化。例如改用公元纪年。还有一系列风俗习惯的彻底改变：如男子剪辫，使中国男子的精神面貌从此焕然一新；女子放足，使中国女子从此可以大步行走；中山装取代了小马褂儿；不叫"老爷"改叫"先生"；不再跪拜，不跪皇帝、不跪贵族、不跪官老爷；男女无别，男女可以一起乘车，还可以一起牵手逛街。还有改良新剧，女伶也可以参加公演；禁除鸦片，再也不做"东亚病夫"。

辛亥革命不仅在一定程度上打击了帝国主义的侵略势力，而且推动了亚洲各国民族解放运动的高涨。这一时期，伊朗、土耳其、印度、印度尼西亚、朝鲜、越南、中国相继爆发了反帝反封建的民族民主革命运动。其中1905年至1911年伊朗革命、1908年至1909年土耳其革命和1911年中国辛亥革命的规模最大、影响最深，列宁称之为"亚洲的觉醒"。列宁深刻地指出："亚洲的觉醒和欧洲先进无产阶级夺取政权的斗争的开始，标志着20世纪所开创的全世界历史的一个新阶段。"[1]

综观本案例，从朱氏身上，我们应当学习其不畏艰难、探索救国之路的革命精神，但也应看到其代表资产阶级革命派的局限性。辛亥革命之后，虽然中国迎来了崭新的篇章，但近代化的道路仍然任重道远。这个历史的使命最终是由新兴的无产阶级以及他们所建立的中国共产党所完成的，是中国共产党领导着中国最终走向了近代化以及现代化，才有了我们

---

① 列宁：《列宁选集》（第二卷），北京：人民出版社，2012年，第316页。

今天幸福的生活。

[**教学建议**]

本案例适用于《中国近现代史纲要》（2021年版）教材第三章第一节"举起近代民族民主革命的旗帜"、第二节"辛亥革命与中华民国的建立"、第三节"北洋军阀统治与旧民主主义革命的失败"部分的辅助教学。

第四章

中国共产党成立和中国革命新局面

案例 1：恩施地区马克思主义的传播和党组织的建立

[教学目标]

1. 结合恩施地区马克思主义的传播，了解中国的先进知识分子们对资产阶级民主主义产生怀疑的原因，了解他们在十月革命以后怎样经过比较和探求，最终选择了马克思主义，明确十月革命的伟大意义及对中国的重要影响。

2. 通过了解恩施地区早期党组织的创建与发展过程，明确中国共产党成立的历史必然性，全面了解工人阶级政党的成立是近代中国社会发展和革命发展的客观要求，是中国历史上开天辟地的大事变；了解中国共产党的初心和使命，增强对共产党先进性的认识，坚定跟共产党走的信念。

[案例呈现]

湖北是辛亥首义发生地，也是近代中国民族工业较为发达的地区之一，至1919年拥有产业工人约25万人。十月革命为中国送来了马克思列宁主义，启发了具有先进思想的中国新一代知识分子。五四运动中，青年学生、产业工人纷纷站到了历史的前台，以革命的实践证明，只有将马克思主义与中国工人运动结合起来，才是民主革命正确的打开方式。

1920年夏，湖北鄂城人刘伯垂由陈独秀介绍，在上海加入共产党，成为湖北地区第一个共产党员。1920年秋，董必武、陈潭秋、包惠僧等在武汉成立了武汉共产党支部（湖北共产主义小组）。小组成立后，立即开展工作，首先是进行党组织的建设，其次又成立了社会主义青年团，还组织马克思学说研究会传播马克思主义，并深入工人群众中进行宣传。1921年7月，董必武、陈潭秋作为湖北代表参加了中国共产党第一次全国代表大会。中共一大的13位代表中，就有5位是湖北籍，他们分别是董必武（湖北黄安人，今红安）、陈潭秋（湖北黄冈人）、李汉俊（上海代表，湖北潜江人）、刘仁静（北京代表，湖北应城人）、包惠僧（陈独秀指派代表，湖北黄冈人）。[1] 随着湖北地区马克思主义的传播和共产党组织的建立和发展，革命的思想也被先进的知识分子们传播到恩施，恩施地区涌现出一大批年轻的共产党员，在家乡创建党的组织，领导革命群众进行革命活动，获得人民的拥护和支持，为党的事业做出了重要贡献。

一、聂维祯创建中共建始县支部

聂维祯是鄂西地区的第一位共产党员。聂维祯（1900—1931），名季，号冬青，湖北建始县铜鼓包镇（今重庆市巫山县）人。聂氏家族在当地属于名门望族。1919年，聂维祯19岁，在湖北省立第一中学读书，恰逢五四运动爆发，他积极投身革命运动，在共产党人恽代英领导下，参加了武汉学生的爱国运动，正式加入革命的队伍。1923年，聂维祯考取了北京朝阳大学（今中国政法大学前身），成为李大钊的学生。1924年，聂维祯在李大钊的影响和介绍下，加入了中国共产党。[2]

1926年8月，聂维祯接受董必武、陈潭秋的委派，回到家乡建始开展农民运动。为了方便开展工作，聂维祯以筹建国民党建始县党部的名义，联络当地国民党元老聂漱六及地方开明人士田见龙等人，暗中发展了一批中共党员。1927年2月，聂维祯创建了中共建始县支部，担任支部书记，开展革命活动。3月，在中共建始县支部的领导下，聂维祯借县党部名义举办了全县党务、农协骨干50多人参加的训练班。其间，聂维祯还

---

① 田子渝、黄华文：《湖北通史·民国卷》，武汉：华中师范大学出版社，1999年，第59—61页。

② 聂兴昌、谌泓：《鄂西第一位中共党员聂维祯》，《红岩春秋》2018年第1期，第58页。

组织群众开展"禁烟毒""反贪官"的游行示威，捉了老百姓最痛恨的贪官、警座卢于臣交县府惩办。聂维祯还常常到长梁、罗家等集镇进行革命演讲，宣传马克思主义和中国共产党。在中共建始县支部的领导下，建始县城、红岩寺、花坪及田家坝等地很快建立起国民党三个区党部和田家坝第七区分部和农协会，并开展了轰轰烈烈的反土豪劣绅和减租减息斗争。[①]

正当革命运动蓬勃发展之际，却遭逢蒋介石、汪精卫相继背叛革命，建始地区也被笼罩在白色恐怖之下，革命事业陷入低潮，聂维祯不得不将革命斗争转入地下。聂维祯继续主持中共建始县委，带领共产党员和革命群众坚持与军阀、恶霸、土匪、国民党等反动势力进行斗争。1931年，聂维祯在建始举行武装暴动，遭到了国民党军队的残酷镇压，暴动后被迫向武汉撤离，后在从武汉乘船至上海途中不幸遇难。新中国成立后，被追认为革命烈士。

二、中共咸丰县支部、农民协会、县党部的建立

1926年7月，开始了以推翻北洋军阀为目标的北伐战争。北伐获得湖北民众的欢迎和响应，以董必武为代表的共产党人积极动员各方力量，做好迎接北伐军的准备。北伐军经过汀泗桥、贺胜桥战役，于10月10日攻克武昌，取得了决定性的胜利。武汉三镇的收复，直接摧毁了直系军阀主力，也沉重地打击了军阀背后的英美帝国主义势力。受到北伐战争节节胜利的影响，湖北地区的工农运动再次高涨，武汉又成为中国革命的中心。为了适应革命大发展的需要，董必武、陈潭秋等委派一批在汉党员返乡开展革命工作，这其中就有咸丰籍的中共党员黄兴武和叶达仁。

黄兴武（1902—1931），又名黄名世，土家族，出生于咸丰龙潭司一个小地主家庭。但他自小便同情弱者，心忧天下。1924年3月，离开家乡，来到省城，就读于董必武执教的武汉中学。当时的武汉中学正是董必武等组织的马克思学说研究会的主要基地。黄兴武受到马克思主义的影响，加

---

① 中共鄂西州委党史征编委员会办公室汇编：《鄂西自治州革命纪念地简介》，1989年，第4-5页。

入了中国共产主义青年团，此后又转为中国共产党党员。1927年2月12日，黄兴武与叶达仁（咸丰小模人）一起回到咸丰发展党组织，开展农民运动，肃清土豪劣绅、贪官污吏等一切反动势力，以保障革命的胜利。[①]

他们首先在兴国寺成立了咸丰县国民党党部，黄兴武任党部书记，广泛接触贫苦大众，提出"打倒土豪劣绅，铲除贪官污吏，建立廉洁政府，拥护贫民穷人，不准富人剥削穷人"的口号。此后，又建立了咸丰县农民协会、妇女协会，黄兴武兼农民协会会长，叶达仁任农民协会副会长。同时还秘密建立了中共咸丰县支部委员会，黄兴武任支部书记。为了破除封建迷信，转变民间信仰鬼神的观念，让广大人民群众相信革命，黄兴武在兴国寺山门两边贴了一副对联："木偶有何知，吾侪何须供奉；革命可救国，同胞快来参加。"寺内还贴上大字标语："一切权利属于党！"1927年4月，黄兴武带领农民协会30余名会员，赶跑了反动县长，推选开明绅士蒋菽凡做县长，建立廉洁政府。[②]

三、中共鹤峰县支部、中共施鹤部委的成立

1927年春，受中共党组织委派，共产党员陈子杰来到鹤峰开展革命活动。他在县城进行革命宣传，在大街上第一次挂出了马克思和列宁的画像，还挂起了中国共产党党旗，向群众演讲，宣传马克思主义。蒋介石"四一二"反革命政变后，陈子杰受到通缉，被迫转移到外地。为了接替陈子杰的工作，党组织又派遣徐锡如到鹤峰秘密开展工作。徐锡如（1902—1929），鹤峰城关镇人，土家族，在武昌中华大学读书时加入中国共产党。回到鹤峰县城后，徐锡如以创建国民党党部、宣传三民主义为掩护，在城南水寨鹤鸣书院秘密开办共产主义训练班，大力宣传党的思想、路线和主张，向青年学生讲授《共产党宣言》和新三民主义，吸收了吴琛、田春甫、范松之等优秀人才加入中国共产党，并建立了鹤峰县第一个党的

---

① 鄂西土家族苗族自治州文化局编：《鄂西历史人物》，1983年，第65页。
② 鄂西土家族苗族自治州文化局编：《鄂西历史人物》，1983年，第66页。

组织——中共鹤峰县支部。①

汪精卫"七一五"反革命政变后，恩施各县的反动派大肆迫害共产党员和革命群众。9月，施鹤七属的共产党员、共青团员集合到咸丰龙潭司开会，正式成立了党在施鹤地区的第一个组织——中共施鹤部委，并决定在龙潭司举行暴动。但由于敌我双方实力相差悬殊，1928年春，龙潭司暴动失败。②

四、巴东最早的中共党小组、党支部的成立

1925年秋，巴东县人黄大祯在宜昌省立第三师范求学时加入了中国共产党。同年，巴东籍学生黄大鹏、张华甫、廖景坤等也相继加入共产党。1926年，黄大鹏等回到巴东工作。1927年8月7日，中共中央在汉口召开"八七会议"，会后湖北省制定了秋收暴动的计划，并于9月成立鄂西特委。此后又成立了巴东特别支部。③巴东的共产党员在县江北开展秘密活动，并于10月在江北的西陵建立了第一个党小组——西陵党小组，由税永海任组长。1928年2月，中共西陵党小组发展为党支部，支书税永海，组织委员梁邦四，宣传委员税永亮。④

五、利川第一个中共党支部的建立

大革命时期，在武汉求学的利川籍学生刘子壮、潘季川先后加入中国共产党，并积极参加了武汉地区的革命活动。"七一五"反革命政变后，他们也回到利川开展革命工作。在革命斗争中，刘子壮于1928年5月不幸牺牲，潘季川也与组织失去了联系。1928年秋，施鹤临时特委书记杨维藩来到利川老屋基工作。12月，贺龙率领红军抵达老屋基，吸收杨维藩成为

---

① 中共鄂西州委党史征编委员会办公室汇编:《鄂西自治州革命纪念地简介》,1989年,第9页。
② 鄂西土家族苗族自治州文化局编:《鄂西历史人物》,1983年,第67页。
③ 湖北省巴东县志编纂委员会:《巴东县志》,武汉:湖北科学技术出版社,1993年,第322页。
④ 中共鄂西州委党史征编委员会办公室汇编:《鄂西自治州革命纪念地简介》,1989年,第17页。

中共湘鄂西前敌委员会委员。[①]

　　1933年11月，经红九师参谋长周念民介绍，老屋基双庙子农民李景凯加入了中国共产党。李景凯又先后发展了陈云风、谢德波等入党，并在老屋基双庙子建立了利川第一个党支部，李景凯任支书。同年12月，贺龙在小河留下18名红军伤员交给李景凯护理，李景凯将伤员们接到双庙子精心照料。李景凯在红军战士的帮助和参与下，组建了一支地方游击队，打击地方团防。[②]在党组织的领导下，相继建立了小河、长五间、大沙溪、双庙子、太平山等五支地方游击队和鄂川边游击队。[③]

[思考讨论]

　　1. 结合中国五四新文化运动及俄国十月革命的历史大背景，阐述恩施地区的先进知识分子是如何接受并传播马克思主义的？

　　2. 根据恩施地区中共党组织的创建情况，阐述大革命失败后，中国共产党人是如何坚持革命和发展革命的？

[案例分析]

　　本案例梳理了恩施各地马克思主义思想的传播和早期中国共产党党组织的建立。恩施地区共产主义思想的传入、中共党组织的建立、共产党员的活动等均是在五四新文化运动的启蒙之下，伴随着全国革命形势的高涨而发生的，是中国共产党早期革命活动的重要组成部分。恩施虽地处鄂西南，且境内以山地为主，交通并不便利，但在第一次国内革命战争期间就有大量恩施籍的中共党员接受党组织的安排，返乡开展革命活动，取得了显著的成果和深远的影响，使得恩施地区和人民在整个中国革命史中始终

[①]　湖北省利川市地方志编纂委员会：《利川市志》，武汉：湖北科学技术出版社，1993年，第297页。

[②]　中共鄂西州委党史征编委员会办公室汇编：《鄂西自治州革命纪念地简介》，1989年，第26页。

[③]　湖北省利川市地方志编纂委员会：《利川市志》，武汉：湖北科学技术出版社，1993年，第297页。

没有缺席且发挥了重大作用，恩施亦成为著名的红色之都。

结合本案例中的具体人物及事件，在当时全国范围内马克思主义思想的传播及中国共产党党组织的建立的背景之下，能够更加清晰地了解革命形势，并能更加真实地掌握革命发展的具体情况。

一、新文化运动与思想解放的潮流

1. 新文化运动的兴起

新文化运动，被认为是中国的启蒙运动。这场运动为何会发生？最初的动因来自民国初年现实政治的刺激。民国建立以后，我们学习了一整套西方的共和体制，有了约法、有了国会、有了政党，然而现实的政治却十分令人失望。

第一个打击就是宋教仁遇刺。宋教仁被誉为中国的"宪政之父"。1913年，宋教仁改组国民党，成为国民党党魁，国民党也成为当时中国的第一大党。按照形势的发展，他必然成为责任内阁的阁揆。《临时约法》中明确规定，实行责任内阁制，内阁总理由议会中占多数席位的政党产生；内阁总理只对议会负责，不对总统负责；总理可以驳回总统的命令，而总统发布的命令要生效必须得到总理的签字。显而易见，宋教仁的存在影响到了袁世凯的独裁。1913年3月20日夜，宋教仁被刺杀于上海火车站，年仅31岁。宋案也成为民国初年震惊全国的第一大案。经过调查，宋案的主谋就是当时的大总统袁世凯和国务总理赵秉钧。宋教仁的死，充分暴露了北洋政府是袁世凯的独裁政府，是不可能搞什么责任内阁和议会制度的，也是不可能实行民主政治的。

第二个打击就是袁世凯称帝。1913年10月，袁世凯成为正式大总统；1913年11月解散国民党；1914年1月遣散国会议员；1914年5月撕毁《临时约法》，炮制了《中华民国约法》，用总统制代替内阁制。他这个总统不仅可以无限期连任，而且还可以自己确定继承人，这实际上就是要当皇帝。袁世凯于1916年称帝复辟，年号洪宪，彻底抛弃了共和制。在全国人民的一致反对下，3月帝制被取消，仅维系了83天。但复辟之风并未终止。1917年7月，又发生了张勋复辟，12天破产。此后，中国陷入了军阀混战时期。

中国的现实情况，使得一部分先进的知识分子经过痛苦的反思认识到：仅有政治制度的革新不足以救中国，必须启发国民新的伦理道德意识，培养国民的独立人格，彻底荡涤封建旧文化的毒害，进行一场思想文化领域的革新运动，这就是新文化运动。

2. 新文化运动的主要内容

1917年，蔡元培出任北大校长，聘请陈独秀为文科学长，《新青年》编辑部由上海迁至北京，吸纳了李大钊、胡适、鲁迅等成为主要撰稿人，《新青年》和北京大学成为新文化运动的主要阵地。

前期新文化运动是资产阶级的新文化反对封建主义的旧文化。所以，革命的两大旗帜——反对旧道德提倡新道德、反对旧文化提倡新文化。如鲁迅先生就在《狂人日记》中影射了封建礼教吃人的本质。何为新道德？何为旧道德？为何要以新道德反对旧道德呢？新道德指资产阶级的道德，追求个性解放、男女平等；旧道德指以孔子为代表的、以三纲五常为中心的儒家传统道德。

新文化运动的基本口号即民主与科学。什么是民主？这里的民主，既是指资产阶级民主主义的制度，也是指资产阶级民主主义的思想。什么是科学？狭义的是指自然科学，广义的还包括社会科学。陈独秀主张，用自然科学的科学精神和科学方法来研究社会。

总之，新文化运动是一场反封建的思想解放运动。但从各方面看，早期新文化运动的目标仍旧是建立西方式的资产阶级国家，具有一定的局限性。因此，新文化运动中的很多先进分子已经开始质疑资本主义。基于此，后期新文化运动的发展开始分流，以李大钊、陈独秀等为代表的左翼，在继承民主与科学精神的基础上，接受了马克思主义；以胡适为代表的则继续资产阶级道路。

二、十月革命与马克思主义在中国的传播

正当中国知识界面临困惑时，1917年俄国十月革命一声炮响，给中国带来了新的希望，这就是马克思主义；也给中国人提供了新的参照，也就是苏维埃俄国的发展道路；同时，中国的先进分子也将自己的思想从资产阶级民主主义转向社会主义。十月革命之后，李大钊、陈独秀开始在中国介绍和宣传马克思主义。

马克思主义在中国的传播，主要采取六种途径：

创办和编辑无产阶级报刊是传播马克思主义的阵地。如1918年，李大钊、陈独秀共同创办的《每周评论》成为宣传马克思主义的主阵地。此外，还有陈独秀创办的《新青年》。

发表大量宣传马克思主义的文章。这里不得不提的一个人就是李大钊，李大钊在其38年的短暂生命中，先后为近60家报刊撰写文章400余篇。其中，最著名的有《法俄革命之比较观》，比较了18世纪法国革命和20世纪俄国革命之不同，指出其性质的区别，一个是资产阶级革命、一个是社会主义革命；再就是《庶民的胜利》《布尔什维主义的胜利》以及《我的马克思主义观》。

与非马克思主义思潮进行论战。马克思主义与非马克思主义思潮共展开了三次论战，其中最著名的就是李大钊与胡适的"问题与主义"之争。胡适在《每周评论》上发表《多研究些问题，少谈些主义》宣传实用主义。李大钊很快做出反应，发表《再论问题与主义》。这场论战实际上就是西方资产阶级实用主义哲学流派与马克思主义思想的交锋。实用主义，鼓吹社会改良、反对社会革命；否认真理的客观性，认为凡是有用的就是真理。马克思主义与非马克思主义的第二次论战是关于社会主义的辩论。反对者以梁启超、张东荪以及其邀请的英国唯心主义哲学家罗素为代表，反对建立无产阶级政党。第三次论战是马克思主义者对无政府主义的斗争。无政府主义主张废除国家、反对任何专政、要求绝对自由。最终，均以马克思主义的胜利结束。说明真理的力量。

利用大学论坛、图书馆等形式向进步青年宣传马克思主义。李大钊曾经担任北京大学图书馆主任、政治系教授，陈独秀任北京大学文科学长，北大图书馆成为一个学习马克思主义的中心，很多青年在这里系统学习了马克思主义，也为中国共产党培养了大批人才，这其中就包括在北大图书馆做助理馆员的毛泽东。

开办平民夜校和劳动补习学校，向工农群众传播马克思主义。北京大学成立平民教育讲演团，在街头宣传马克思主义；北大学生会举办平民夜校；邓中夏受李大钊委托，给长辛店的铁路工人开办补习学校等。这是第一次让学生走出书斋，深入工农群众中去接触社会的底层。

翻译、介绍马克思主义经典著作。这其中包括对《共产党宣言》《资本论》等的翻译和研究。

三、五四运动的爆发成为中国新民主主义的开端

中国的知识分子正在经历一场文化的大洗礼、大考验之际，现实的国际政治却给中国人浇了一盆冷水，这就是巴黎和会上中国外交的失败。随着"一战"的结束，1919年召开的巴黎和会，作为战胜国的中国却没能得到应有的尊重和权益，德国的在华利益被西方列强转让给日本，中国外交的失败成为五四运动的直接导火线。

中国在1917年8月14日对德、奥正式宣战。中国虽然没有直接出兵欧洲，但实际上援助了其他协约国成员。由于"一战"前期英法两国人员伤亡很大，劳动力严重缺乏。整个"一战"期间，英、法、俄三国共招募华工多达14万人（一说40万），也有很多华工被违约送上战场，在战火中修工事、运弹药、抬担架，沙俄甚至将华工"编为军队，作前线冲锋之用"。大战期间，共有约2万名华工不幸遇难。宣战后，段祺瑞政府给协约国的相关成员运去了大批粮食，向法国派去了一个军事调查团，并继续向欧洲和中东派遣劳工。正是由于中国广大劳工的牺牲与付出，中国参战之初被承诺会以"大国"地位相待，北洋政府和大多数国民也对战后抱有

极大的希望。

然而，事实怎样呢？当中国代表提出取消西方列强在华特权、废除"二十一条"卖国条约、归还德国在山东的权益等要求时，由英国首相劳合·乔治、法国总理克里蒙梭和美国总统威尔逊"三巨头"所主导的巴黎和会不仅拒绝了中国的正当要求，还准备把德国在山东的权益转给日本。事实是，强权战胜了公理，再一次证明"弱国无外交"。对于这样一些无理条款，北洋政府竟然准备签字。因为段祺瑞政府是亲日政府，内有曹汝霖、章宗祥、陆宗舆等亲日派官僚。消息传到国内，立刻激起了各阶层人民的强烈愤怒，五四运动就此爆发。

五四运动实际可分为两个阶段：一开始的主力是青年学生，阵地是北京大学，北京十几所高校3000余名学生于5月4日在天安门前集会，举行示威游行；学生的爱国行动感染了社会各界，从6月3日起，上海六七万工人声援学生举行罢工，工人罢工推动了商人罢市。这场反帝爱国运动扩展到20多个省区、100多个城市。斗争的主力由学生转向工人、运动的中心由北京转到了上海。迫于人民群众的压力，北洋政府不得不罢免了曹章陆三人的职务，巴黎和会上中国代表没有签字，五四运动的直接斗争目标得到了实现。

这个时候的五四运动由于之前马克思主义的传播，出现了新的特点：第一，表现了反帝反封建的彻底性。第二，成为一次真正的群众运动。第三，促进了马克思主义在中国的传播及其与中国工人运动的结合。这些特点较之以辛亥革命为代表的旧民主主义革命是全然不同的，毛泽东给予定性：五四运动是中国新旧民主主义革命的分界点，五四以前的旧民主主义革命是由资产阶级来领导的，而五四以后的中国革命则是由无产阶级来领导的。

而在五四运动的影响下，蔡元培组织劳工运动，李大钊、陈独秀创建中国共产党，孙中山提出联俄联共扶助农工，中国的阶级解放与民族解放，互为表里，开启了真正意义上的新民主主义革命。

四、早期马克思主义思想运动及中国共产党的早期活动

1. 早期马克思主义者的队伍构成

中国最早的马克思主义者主要有三类：

一是五四运动以前新文化运动的精神领袖、中国共产主义的先驱者、擎旗人——陈独秀、李大钊。在中国共产党党史中有"南陈北李，相约建党"的说法，他们一个在上海，一个在北京。当时还没有形成统一的党组织。

二是五四爱国运动的左翼骨干——毛泽东、杨匏安、蔡和森、周恩来等人，他们成为马克思主义者队伍的主体部分。毛泽东和蔡和森同为湖南省立第一师范学校的学生，二人共同创立了进步团体新民学会，创办《湘江评论》，参加五四运动。

三是一部分原同盟会成员、辛亥革命时期的活动家——董必武、吴玉章、林伯渠等人。

2. 早期马克思主义思想运动的特点

既注重理论的学习，也注重与劳工群众结合的实践；既学习西方的马克思主义，也注意和中国的实际情况相结合。

3. 中国共产党的早期组织及活动

1920年4月，共产国际批准维经斯基来华，会见李大钊、陈独秀，提出中国可以组织共产党。1920年8月，陈独秀、李汉俊、李达等在上海建立组织，推举陈独秀为书记，并函约各地社会主义分子组织支部，11月创办《共产党》（月刊），成为最早的组织。1920年10—11月，李大钊、张国焘等在北京成立中国共产党北京支部，李大钊任书记；1920年秋至1921年春，董必武等在武汉，毛泽东等在长沙，王尽美等在济南，谭平山等在广州，以及在日本、法国的留学生，均成立了共产党的早期组织。

中国共产党早期组织的活动主要有三个方面：第一，研究和宣传马克思主义。第二，到工人中去进行宣传和组织工作。第三，进行关于建党问题的讨论和实际组织工作。

五、中国共产党的创建

1. 中国共产党创建的历史条件

第一，资本主义在中国发展的同时，中国的工人阶级也在不断成长、壮大，中国无产阶级力量的增强为中国共产党的诞生提供了经济或阶级基础。

第二，五四新文化运动促进了马克思主义在中国的传播及其与工人运动的结合，为中国共产党的诞生做了思想上和干部上的准备。

第三，各地共产主义小组的建立，为中国共产党的诞生提供了组织基础。

第四，十月革命后苏俄共产国际对中国革命的援助，为中国共产党的诞生提供了国际支持，也增强了中国革命的国际影响力。

2. 中国共产党第一次全国代表大会

中国共产党是马列主义与中国工人运动相结合的产物，是适应中国近代革命发展的需要而产生的。1921年7月，中国共产党诞生，在上海召开了中共一大。

中国共产党第一次全国代表大会共有毛泽东、董必武、张国焘、刘仁静、李汉俊、李达、王尽美、邓恩铭、何叔衡、陈潭秋、陈公博、周佛海、包惠僧等13位党员参加，代表全国50多名党员，此外，还有两位共产国际的代表——马林、尼科尔斯基。中国共产党的成立是开天辟地的大事变，使中国革命的面貌焕然一新。表现在，明确了党的纲领，即革命的军队必须与无产阶级一起推翻资产阶级的政权，明确提出要把工人、农民和士兵组织起来，确定党的根本政治目的是实行社会革命。中国共产党从建党开始就把实现社会主义、共产主义作为自己的奋斗目标。直到今天依然如此，这就是不忘初心。中国共产党诞生在20世纪20年代初的中国，绝非偶然。在农民阶级、地主阶级和资产阶级都没有能力承担起领导中国革命的重任、完成反帝反封建的民主革命任务的背景下，中国的先进分子选择了马克思主义的科学社会主义思想、选择走俄国十月革命的道路、根据列宁的建党学说组建起的中国共产党，作为坚强的领导力量，来完成历史的责任。

六、恩施地区党组织的建立

在上述背景之下，恩施地区党组织的活动也在两次国内革命战争中迅速开展起来。其时，恩施地区所辖恩施、建始、宣恩、来凤、咸丰、利川、鹤峰、巴东8县均有共产党人进行革命活动，革命宣传和组织较为广泛和活跃，吸引了大批革命群众的参与，基本上都建立了县级党组织，涌现出一批在当地颇具影响力的优秀共产党员。

正如案例中所提到的，中国共产党在恩施地区创建的第一个党组织是中共建始县支部，由建始籍共产党人聂维祯建立；中共咸丰县支部由咸丰籍中共党员黄兴武、叶达仁创建，同时建立农民协会，进行武装斗争；共产党员陈子杰在鹤峰地区进行马克思主义的宣传，鹤峰籍共产党员徐锡如创建中共鹤峰县支部，组织共产主义训练班；共产党员张华甫、黄大鹏、廖景坤等在巴东开展党组工作，发展党员，共产党员税永海等在巴东建立党支部；由农民身份加入中国共产党的党员李景凯在利川创建了中共党支部，而且还组建了地方游击队。

[教学建议]

本案例适用于《中国近现代史纲要》（2021年版）教材中第四章第一节"新文化运动和五四运动"、第二节"马克思主义广泛传播与中国共产党诞生"部分的辅助教学。

案例 2：恩施地区工农革命运动的发展

[教学目标]

1. 通过对恩施地区工农革命运动具体情况的了解，掌握大革命时期中国革命的新局面，掌握中国共产党成立后对中国革命新道路的探索与实践，明确中国共产党人是如何坚持革命和发展革命的。

2. 通过对大革命时期恩施地区国共合作情况的掌握，了解大革命时期恩施地区工农武装革命运动的发展状况，明确国共两党在大革命中所起到的不同作用，并理解大革命失败的原因。

[案例呈现]

随着中国共产党的诞生，在党的领导下，各地的工农运动蓬勃发展。从 1921 年 10 月至 1923 年 2 月，湖北地区就爆发了 30 余起罢工运动，参与工人人数超过 3 万人。[①]京汉铁路工人大罢工的失败，使湖北地区的共产党人意识到单凭一己之力很难获得革命的成功，必须团结广大农民、民族资产阶级，建立统一战线，才能取得革命的胜利，而国民党是比较革命的政党。以董必武为代表的湖北地区的中共党员与国民党左派共同努力，极力促成国共合作。

1925 年五卅运动发生后，武汉地区立刻掀起了反对帝国主义运动的高潮，武汉各界纷纷举行街头抗议活动，却遭到了英帝国主义的镇压，酿成了继五卅惨案后的又一惨案——"六一一"惨案。惨案发生后，中国共产党机关刊物《向导》等媒体发表文章，极力谴责英帝国主义的残暴罪行。

---

① 田子渝、黄华文：《湖北通史·民国卷》，武汉：华中师范大学出版社，1999 年，第 78 页。

湖北地区的共产党人对帝国主义有了更为深刻的认识，明确提出打倒帝国主义的主张。[①]

一、胡楚藩组建恩施十三中学"学生自治会"

五卅运动后，中共武汉区委领导董必武、陈潭秋作出"将反帝运动扩大到农村中去"的指示。时任武汉学生联合会代表的来凤籍共产党员胡楚藩，遵照组织安排，返回湖北省立恩施第十三中学任教。胡楚藩在学生中积极传播《向导》《中国青年》《中国国民党第一次全国代表大会宣言》《帝国主义铁蹄下的中国》等书刊，并宣传进步思想，很快便得到校内外学生300余人的支持和响应。在胡楚藩的指导和帮助下，进步学生朱光钦等随即成立了十三中学"学生自治会"，推举朱光钦任常务干事、金裕汉任组织干事、胡秉之任宣传干事，号召民众联合起来，支持北伐战争，反对帝国主义的侵略和封建军阀的统治，实行"联俄、联共、扶助农工"的三大政策。[②]学生自治会还成立了"十三中宣传队"，自制三角旗，走上街头，深入农村，开展宣传活动。然而，十三中学爱国师生的革命行动却遭到了直系军阀驻恩施十八混旅旅长于学忠的镇压，胡楚藩被告密是"赤化党"，遭下令通缉，不得已秘密返回武汉，进步学生朱光钦、金裕汉、郑廉等8人被开除学籍，十三中学生自治会遭到严重破坏。

二、张昌歧创办来凤土堡农民夜校

张昌歧（1900—1927），字凤楼，又名任侠，来凤土堡人，苗族。1921年，张昌歧在族人的资助下，考入武汉中学，后转入湖北省立第一师范学校。在校期间，受到董必武等教师的影响，接受了马克思主义的先进思想，并积极参加武汉的学生运动，于1925年夏加入中国共产党。[③]7月，暑假回到来凤的张昌歧，看到穷人的孩子无法上学，萌生了创办农民夜校

---

① 田子渝、黄华文：《湖北通史·民国卷》，武汉：华中师范大学，1999年，第87–91页。
② 中共鄂西州委党史征编委员会办公室汇编：《鄂西自治州革命纪念地简介》，1989年，第3页。
③ 鄂西土家族苗族自治州文化局编：《鄂西历史人物》，1983年，第46–47页。

的想法。他自编课本，吸收当地农民青年来校读书，除了教农民识字，还宣传党的进步思想，启发农民的觉悟，为此后在来凤开展农民运动打下了良好的基础。至今当地的老一辈人还记得流传下来的"读书歌"："来来来，来读书。不识字，苦一世。做工人、做农民，要读书。读书人，要做工人、做农民。那里有布匹和谷物，是工农吃尽苦，流尽汗。没有农民和工人，哪有谷和布。"①

三、来凤灵凤山中共秘密会议

1926年秋，共产党员张昌歧、刘岳生受董必武的委派，回到家乡来凤，从事工农革命运动。回乡后，他们深入群众，了解社会情况，邀集了具有进步思想的地方实力派吴郅堂、梁知恒等人，于9月在灵凤山召开了中共党的秘密会议，商讨组织农民武装起义事宜。②

四、来凤板沙界农民武装起义

1926年秋，张昌歧等在灵凤山会议后，立即前往板沙界，准备发动武装起义。在板沙界，组织了吴云清、杨仁正、杨仁爱、玉子清、邓安凤等300多名青壮年农民，白天修建寨堡，晚上操练集训，还请了当地有名的文铁匠，打造大刀长矛等武器。10月28日（农历九月二十二日），张昌歧与吴郅堂、刘岳生等在寨内召开誓师大会，宣布起义。当日，利用赶场机会，农民自卫军个个腰里藏着短刀利斧，混在普通人群中，兵分四路攻入来凤县城，夺取了守城北军的大批枪支弹药，守城军弃城逃跑，自卫军占领县城，首战告捷。但在激战中，农民军战士邓安凤、王子清、杨仁正、杨仁爱等5人壮烈牺牲。共产党人领导的来凤板沙界农民武装起义，是鄂西历史上的首次起义，在武汉的董必武、陈潭秋等人闻讯，给予了高

---

① 中共鄂西州委党史征编委员会办公室汇编：《鄂西自治州革命纪念地简介》，1989年，第3-4页。

② 中共鄂西州委党史征编委员会办公室汇编：《鄂西自治州革命纪念地简介》，1989年，第5页。

度评价，武汉《楚光日报》也报道了这一大事件。[①]

五、来凤农民自卫军的革命活动

来凤农民武装暴动胜利后，张昌歧等在来凤县城文昌宫组建了国民党来凤县党部，召开3000多人参加的文昌宫群众大会，庆祝北伐战争的胜利，并在县农协的支持下，公开审判了当地土豪劣绅张育卿。

1927年3月，在共产党员张昌歧、刘岳生、杨维藩等人的领导下，来凤县农民自卫军在文昌宫组建成立，迅速发展到100多人、几十支枪，还与国民革命军李筱炎部合作，全县农民自卫军共发展到千余人、数百支枪。农民自卫军镇压了反动团防总公所所长李佐卿，来凤人民的革命斗争取得重大胜利。来凤农民自卫军坚持控制县城4月有余，有力地打击了当地的反动势力，得到人民群众的积极拥护。[②]

六、来凤张昌歧等五烈士殉难

1927年4月，蒋介石发动反革命政变，大肆屠杀共产党人，来凤地区的反动势力也卷土重来。6月23日，来凤县城被土匪攻破，张昌歧率领农民自卫军坚守一天一夜，终因寡不敌众，被迫撤退。张昌歧等突出重围，转移到湖南龙山鸡公寨。但不久，因叛徒出卖，张昌歧被来凤的土豪劣绅李竹武抓获。张昌歧被捕后，受尽酷刑，8月18日，被李竹武杀害于来凤县城西门外。张昌歧临刑前高呼："共产党万岁！"年仅27岁，族人将其安葬于家乡土堡七星沟。1978年4月，来凤县革命委员会将张昌歧烈士的坟墓迁移到红岩洞口山前，并立"张昌歧烈士之墓"石碑，以供缅怀。[③]

张昌歧牺牲后，同年10月，吴郅堂、吴玉林、吴孝烈、李子元4人，在湖南龙山县包家垄开会，商议为张昌歧报仇，并恢复革命活动。会后，

---

① 中共鄂西州委党史征编委员会办公室汇编：《鄂西自治州革命纪念地简介》，1989年，第5-6页。

② 中共鄂西州委党史征编委员会办公室汇编：《鄂西自治州革命纪念地简介》，1989年，第10页。

③ 中共鄂西州委党史征编委员会办公室汇编：《鄂西自治州革命纪念地简介》，1989年，第12页。

吴玉林、吴孝烈、李子元3人去咸丰开展活动，但行至宣恩县李家河场头石拱桥时，不幸被捕。此后吴郅堂也被抓，4人先后被反动派杀害。①

七、巴东反"复验红契"斗争的胜利

1926年，在北伐军节节胜利的压力之下，北洋军阀试图苟延残喘，采取各种手段，在地方大肆摊派粮饷，继续扩充实力。7月，巴东县府通告县内百姓，必须要将契约交由县府复验，强迫农民重新缴纳契税，否则按黑契处理，予以没收田产。当时，正在宜昌第三师范读书的中共党员黄大祯、黄大鹏因暑假回乡，得知县府的无理之举，十分愤怒，也深刻地了解到农民对于土地的情感以及对于反动势力的强烈愤恨，于是准备发动群众，揭露县府"复验红契"的阴谋。

二人很快组织了1000多人，在平阳坝进行游行示威，高呼"反对复验红契！反对苛捐杂税！打倒军阀！打倒贪官污吏！"等口号。县府得知，派军队将黄大鹏批捕到县衙，百姓们听说黄大鹏被抓，自发组织了数百人前往县衙抗议，慑于人民群众的威力，县长张昆亲自为黄大鹏松绑，赔礼道歉、立即释放。此后，县府再不敢提及"复验红契"。黄大祯、黄大鹏领导的平阳坝地区农民反对"复验红契"的斗争取得胜利，为此后党在巴东地区的革命斗争，奠定了坚实的基础。②

八、宣恩县党部、农民协会的建立

1927年春，受湖北中共党组织的委托，共产党员匡超然、段炳麟、李祖锡等回到宣恩开展党务工作。5月上旬，成立了"国民党宣恩县党务筹备委员会"（简称县党部）。在县党部的组织和领导下，又于下旬成立了宣恩县农民协会，薛云龙任会长。县农协成立后，薛云龙带领广大农民、青年学生与贪官污吏、土豪劣绅进行斗争，在街头示威游行，并喊出：

---

① 中共鄂西州委党史征编委员会办公室汇编：《鄂西自治州革命纪念地简介》，1989年，第11页。

② 中共鄂西州委党史征编委员会办公室汇编：《鄂西自治州革命纪念地简介》，1989年，第4页。

"打倒贪官污吏！打倒土豪劣绅！"的口号。[①]

九、建始校场坝千人群众大会

1927年5月，中共建始县支部在教场坝召开群众大会，城镇居民、商会店员、农民、党务农协训练班学员、高等小学堂学生、驻军及团防队员等各界人士，共1000多人参加集会。大会上，中共建始县支部书记、国民党湖北省党部特派员聂维祯发表演说，号召工农商学兵各界人士联合起来，一致行动，为完成民主革命任务而奋斗。大会高喊："打倒土豪劣绅！打倒贪官污吏！废除不平等条约！争取民族平等！禁止高利贷！"等口号。[②]

[思考讨论]

1. 结合恩施地区的革命活动，阐述中国共产党成立后是如何在恩施各县发动工农革命群众开展武装起义和斗争的？

2. 大革命时期，恩施各地工农群众的革命斗争具有哪些特征？大革命失败后，革命形势又出现了何种变化？

[案例分析]

本案例是关于大革命时期恩施地区工农武装革命运动的具体情况。中共一大创建了中国共产党、明确了党的纲领，带来了中国革命的新局面。那么，这个新局面是什么呢？中国共产党人又是如何创造出这个新局面的呢？

一、制定反帝反封建的民主革命纲领

1922年7月中共二大在上海召开，将党的纲领进一步明确为最高纲领和现阶段的最低纲领，即"实现社会主义、共产主义"的最高纲领和"打

---

① 中共鄂西州委党史征编委员会办公室汇编：《鄂西自治州革命纪念地简介》，1989年，第11页。

② 中共鄂西州委党史征编委员会办公室汇编：《鄂西自治州革命纪念地简介》，1989年，第12-13页。

倒军阀，推翻国际帝国主义的压迫，统一中国为真正民主共和国"的最低纲领。这是第一次提出了反帝反封建的民主革命的纲领，为中国人民指出了明确的斗争目标。在过去的探索中，各个阶级和阶层的斗争实际都具有反侵略反封建的意义，但都没有在革命纲领中明确提出来；即使是反封建最坚决的资产阶级革命派，在反帝的问题上也无能为力，因为他们割不断共同的阶级属性和阶级利益。所以，这个任务只能交给代表无产阶级利益的中国共产党人来完成。

此外，二大还提出了群众路线的革命新方法。这也是吸取了以往斗争失败的教训，即没有充分发动人民群众的革命力量。能够相信人民群众、依靠人民群众、充分调动人民群众的革命积极性，这是由共产党人的阶级属性所决定的。这也是中共二大在理论上实现的突破，是与中国共产党人发动工农群众开展革命斗争的实践分不开的。

二、发动工农群众开展革命斗争

在中国共产党的领导下，从1922年1月香港海员罢工到1923年2月京汉铁路工人罢工，中国掀起了第一个工人运动的高潮。大小罢工100余次，参加者在30万人以上。

除了集中力量领导和组织工人运动，共产党人也将目光放到广大农村，开展农民运动。1921年9月，中国共产党人在浙江省萧山县县衙前村成立了中国第一个农民协会，带领农民群众开展反抗地主阶级的斗争。1922年6月，当时还是中国社会主义青年团团员的彭湃在其家乡广东省海丰县成立农会，开展农民运动。1927年10月，已成为中共党员的彭湃在海陆丰地区领导武装起义，建立海陆丰革命根据地，成立海陆丰苏维埃政府，海陆丰苏维埃政府是中国革命历史上第一个农村苏维埃政权。彭湃被毛泽东誉为"农民运动大王"，其农民运动的经验和模式也被其他地区广泛借鉴和应用。

本案例中，中共党员张昌歧在恩施来凤土堡创办农民夜校，领导板沙界农民武装起义，在鄂西地区的革命历史上实属首创。此外，张昌歧还在来凤县成立了茅草滩农民协会，组织农民自卫军，开展农民革命运动。另外，中共党员聂维祯也在建始田家祠堂成立了第七区（田家坝）农民协会，开展"减租减息"革命斗争。巴东、宣恩等地也都成立了农民协会。

中国共产党领导下成立的农民协会，简称"农会"或"农协"，不同于旧式农民协会。是为了反对农村土豪劣绅、贪官污吏、推翻地主阶级政权，而组织和发动农民群众所进行的革命运动；是通过社会革命的方式在农村建立的一种政权形式。此种新式农会及农会所领导的农民运动，在中国共产党成立以前是从未有过的，是中国共产党人在探索革命道路和方式上的创举之一。

三、实行国共合作，掀起大革命高潮

正是从这些斗争中，孙中山先生看到了中国共产党是一支新兴的革命力量，决心与其合作。1922年，孙中山先生在遭遇了广东军阀陈炯明叛变革命之后，决定联合共产党，改组国民党，改变脱离群众、依靠军阀进行革命的倾向。在中山先生的强烈要求下，李大钊成为最早加入国民党的共产党员。1923年6月，中共三大在广州召开，会议决定，全体共产党员以个人名义加入国民党，建立各民族各阶级的统一战线。

孙中山在晚年实现了伟大的思想转变，提出实行联俄、联共、扶助农工三大政策。1924年1月，孙中山在广州主持召开中国国民党第一次全国代表大会，对三民主义做出了新的解释：在民族主义中突出了反帝的内容，强调对外实行中华民族的独立，同时主张国内各民族一律平等；在民权主义中强调了民主权利应"为一般平民所共有"，不应为"少数人所得而私"；把民生主义概括为"平均地权"和"节制资本"两大原则，后来又提出了"耕者有其田"的主张。新三民主义成为国共合作的政治基础，标志着第一次国共合作正式形成。

1924年，国共合作的第一步就是创办了黄埔陆军军官学校，蒋介石

任校长，周恩来担任第二任政治部主任，很多共产党员担任教员。黄埔军校为革命军准备了骨干和后备力量。

1925年1月，中共四大在上海召开，进一步规定了国共合作和工农联盟的方针。2月，上海22家日本纱厂工人罢工，反对日本资本家无理开除工人并要求提高工资，日方却枪杀了工人代表、共产党员顾正红。5月30日，上海工人和学生在英租界示威游行，却遭到英国巡警的逮捕和枪杀，这就是"五卅惨案"。中共中央于是决定组织全上海工人罢工、商人罢市、学生罢课的活动，抗议帝国主义的屠杀行为。上海的三罢斗争坚持了三个月的时间，给英日帝国主义以沉重打击。至此，掀起了大革命的高潮。

四、大革命中恩施地区的革命活动

1925年5月，五卅运动发生之后，中国共产党武汉区委领导人董必武、陈潭秋做出指示，要"将反帝运动扩大到农村中去"，胡楚藩等中共党员接受任务，回到恩施农村，在各县开展革命活动，成果颇丰，产生了广泛的影响。

如案例所述，胡楚藩等在恩施组建"学生自治会"，号召民众支持北伐，反对帝国主义和封建军阀的反动统治；张昌歧等在来凤开展了轰轰烈烈的农民运动；黄大祯、黄大鹏等在巴东掀起了反"复验红契"的斗争，并取得了胜利。

大革命时期，恩施地区的共产党人和革命群众始终站在革命的前沿，坚持不懈贯彻党中央的指示，开展了各种形式的革命斗争，并为革命付做出了重大的牺牲，张昌歧等革命烈士将永远被人民所铭记。

[教学建议]

本案例适用于《中国近现代史纲要》（2021年版）教材中第四章第三节"中国革命的新局面"部分的辅助教学。

案例 3：满山红与五里坪的红色记忆

[教学目标]

1.通过对鹤峰地区红色遗址的考察，了解第二次国内革命战争时期鹤峰地区革命斗争中所涌现出来的革命英烈及其英雄事迹，以此铭记革命志士为了民族独立、人民解放不惜付出鲜血和生命代价的大无畏精神。

2.通过对第二次国内革命战争时期鹤峰地区革命斗争情况的掌握，全面了解当时中国所面临的复杂艰难的国际国内环境，深刻理解为什么中国历史和人民会选择中国共产党的领导，会选择马克思主义作为指导思想，为什么会选择社会主义的道路。

[案例呈现]

鹤峰，地处鄂西南武陵山脉东段，历史上被称作"柘溪""容米""容阳"。鹤峰历史悠久，自古就是多民族聚居之所。"居住在这里的土家族先民，秦时被统称为南夷，属黔中郡；汉时改黔中郡为武陵郡，属'武陵蛮'；南北朝时，属'溇中蛮'；唐、宋时期属'施中蛮'。"[①] 元明清时期在西南地区实行土司制度，鹤峰为容美土司领地。至清雍正十三年（1735）"改土归流"废除了土司制度，容美土司领地被分为鹤峰州、长乐县（今湖北省宜昌市五峰土家族自治县）。清光绪三十年（1904），鹤峰州升为鹤峰厅，属湖北布政司施鹤道。辛亥革命后，废厅置县，改为鹤峰县，隶属湖北省。

1928年至1933年，贺龙等在鹤峰建立根据地，使鹤峰苏区成为湘鄂

---

① 中共鹤峰县委统战部等编辑：《容美土司史料汇编·卷首》，1984年，第1页。

边革命根据地的中心。鹤峰在党的土地革命时期发挥了十分重要的历史作用，既是湘鄂边红四军的摇篮，又是湘鄂西武装割据的战略后方。[①] 鹤峰建有湘鄂渝黔地区规模最大的烈士陵园——满山红烈士陵园，共和国"第一号烈士"段德昌就埋葬于此。此外，在鹤峰县五里乡五里村老街，还坐落着以中共湘鄂边特委机关和中华苏维埃湘鄂边联县政府为主体的23处重要革命遗址。

一、满山红烈士陵园

满山红原是恩施州鹤峰县容美镇八峰山脉切面上冒出来的一座球形小山，总面积150余亩，因满山开遍红色杜鹃花而得名。1958年，被规划为湘鄂边苏区革命烈士陵园，历经四年竣工，1978年扩建重修，又名满山红烈士陵园，是国家重点烈士陵园建筑保护单位。陵园距离鹤峰县城1.5公里，坐落在溇水河畔。陵园由纪念碑、陵墓和博物馆等主要建筑构成，园内遍布翠柏苍松，整个陵园庄严肃穆。

进入陵园，拾级而上，首先映入眼帘的是贺龙元帅铜像，铜像周围是四季常青的铁树和含笑开放的杜鹃花。铜像左侧，掩映在绿树丛中的是烈士祠，建筑风格是土家吊脚楼与江南古建的结合，烈士祠内陈列着80多位烈士的画像，以及烈士们生平事迹的介绍。还有廖汉生亲笔题写的"继承先烈志，振兴湘鄂边"的十个大字，笔力遒劲，虎虎生威。沿着石质台阶往上，22米高的"湘鄂边苏区革命烈士纪念碑"傲然耸立、高大雄伟，纪念碑基座上刻有浮雕，展现出湘鄂边苏区革命斗争的历史画卷。纪念碑后，便是位于山顶的陵园主墓群。这里长眠着红三军第九师师长段德昌、湘鄂边苏区创始人之一的红三军第九师参谋长王炳南、贺龙元帅胞姐湘鄂边苏区重要军事干部贺英等。

1928年，南昌起义失败后，起义总指挥之一的贺龙，放弃了去苏联学习的机会，向党中央提出返回湘鄂边，在洪湖、桑植、鹤峰一带组建中

---

① 中共鹤峰县委党史资料征编委员会、政协鹤峰县文史资料研究委员会编：《血染的土地——纪念鹤峰苏区创建六十周年》，1988年，第1页。

国工农红军，得到党中央的同意。3月，贺龙、周逸群领导湖南桑植起义，建立工农革命军，贺龙又与关向应、段德昌等人在洪湖组建中国工农红军红二军团。1929年1月，贺龙率红军主力解放鹤峰县城，创建了湘鄂西地区第一个县级苏维埃政府，拉开了湘鄂西武装割据斗争的序幕。贺龙11次进出鹤峰县城，率领中国工农红军红二六军团驰骋于湘鄂边，与国民党军队进行了长达数年的艰苦卓绝的斗争。1934年，奉党中央命令，贺龙率部转战贵州，再北上与中央红军在陕甘宁会师，部队被改编为中国工农红军红二方面军。①

鹤峰苏区革命斗争期间，由于错误地执行王明"左"倾机会主义路线，给湘鄂西革命根据地的斗争带来了巨大的损失。

在湘鄂西根据地，贺龙元帅及兄妹共有5人投身革命。贺龙一家是湖南省桑植县洪家关一户贫苦农民，由于不堪地主恶霸的欺压，贺龙以"两把菜刀闹革命"，成长为伟大的无产阶级革命家。贺龙兄弟姐妹7人中，贺英是长姐，原名贺民英，乳名香姑，所以鹤峰百姓都亲切地称其"贺香姑"。贺英20岁就开始组织地方武装反对反动恶势力，积极支持和参与贺龙领导的革命活动。1928年至1933年间，贺英担任湘鄂川黔边区联防游击队司令，司令部设在鹤峰县，在以鹤峰太平为中心的桑植边界坚持游击战争7年之久。1933年5月，因叛徒出卖，游击队驻地太平洞长湾遭遇数倍敌人的偷袭和包围。为了掩护游击队撤退，贺英与二妹贺戊姐同敌军展开殊死搏斗，终因寡不敌众，姐妹二人壮烈牺牲，掩护了游击队其他领导人徐焕然、廖汉生、向轩等率队安全转移。贺英牺牲时47岁，其游击队后被改编为红七师七十二团，参加了举世闻名的二万五千里长征，为中国革命立下了赫赫战功。除了贺龙、贺英、贺戊姐，贺龙的妹妹贺满姑，是湘鄂西革命根据地最早的军事干部和妇女干部之一，于1928年牺牲，年仅30岁。1928年牺牲的还有贺龙的堂弟贺文新。而早在1920年，贺龙的

---

① 本卷编委会编：《中国西部开发信息百科·湖北恩施卷》，武汉：湖北科学技术出版社，2003年，第263页。

父亲贺士道和贺龙的弟弟贺文棠就牺牲在桑植。从北伐战争到长征胜利，共有89名贺龙的家属和亲人壮烈牺牲，贺氏一族满门英烈。从鹤峰苏区走出的廖汉生、张才千、贺端斋、关向应等成为共和国将军，贺龙军长也成为共和国十大元帅之一。①

二、五里坪革命旧址群

五里坪位于鹤峰县城东60公里，第二次国内革命战争时期，五里坪是湘鄂边苏区政治、军事中心。五里坪革命旧址群坐落在五里坪腹地一条长百米、宽三米的老街上，这条老街又被称为"苏区巷"，街道长约250米。这里保存着红四军军部、中华苏维埃湘鄂边联县政府、共青团湘鄂边特委机关、区乡苏维埃政府、苏区合作社、湘鄂边独立团团部、后方医院、被服厂、妇协会等革命旧址23处，共有革命建筑117间，总占地面积达2500平方米，是湘鄂渝黔边界地区唯一一处保存较好的革命旧址群。②

1930年4月20日，贺龙率领红四军由鹤峰县城东进，消灭了盘踞在五里坪的孙俊峰团防势力，初步建立起区苏维埃政权。当地百姓热情拥护，纷纷报名参军，当地流传着一首山歌："扩红一百，只要一刻；扩红一千，只要一天；扩红一万，只要一个团团转。"③充分说明了当地群众的革命热忱。

1931年9月20日，国民党军队对湘鄂边苏区发动第三次"围剿"，重兵进犯五里坪，苏区军民奋起抗争。但由于"左"倾冒进主义错误思想的指导，特委执行"两个拳头打人，御敌于国门之外"的方针，放弃红军擅长的游击战，与国民党军队进行正面抗击，结果损失惨重。五里区19岁的妇女主任欧冬英，被捕后遭敌人杀害；燕子区妇女委员朱桂香，被敌人

① 本卷编委会编：《中国西部开发信息百科·湖北恩施卷》，武汉：湖北科学技术出版社，2003年，第264页。
② 罗建峰：《保护利用"红色遗产"促进文化大州建设——浅谈鹤峰五里坪革命旧址群保护与利用》，《恩施州党校学报》2005年第3期，第74页。
③ 朱世学：《鹤峰五里坪土地革命时期活动调查》，《中南民族学院学报（哲学社会科学版）》1991年第2期，第99页。

抓住后，乘敌人不备，跳入江中就义。还有大量的土家族、苗族和汉族革命群众，为革命付出了鲜血和生命的代价。[①]

1930年至1931年，五里坪是湘鄂边特委与联县政府指挥中心所在地。这一时期，红军在湖南、湖北六个县开展反"围剿"斗争，巩固了湘鄂西革命根据地，保住了大后方。鹤峰县人口虽不足6万，却有3万余人参加革命，为革命牺牲的就有3000多人。五里坪革命旧址群是中国工农红军红二方面军建立湘鄂西革命根据地，开展武装割据斗争最早、历时最长、土地革命最深入，反"围剿"最为惨烈的一块革命根据地的见证。1992年，被湖北省人民政府公布为省级文物保护单位。[②]2006年，被国务院公布为第六批全国重点文物保护单位。

[思考讨论]

1. 简要阐述贺龙同志在鹤峰地区的革命活动。

2. 简要阐述湘鄂边特委的产生、发展及其历史作用。

[案例分析]

本案例是关于第二次国内革命战争时期鹤峰地区的革命斗争，以及在革命斗争中所涌现出来的革命英烈及其英雄事迹的描述。满山红烈士陵园和五里坪革命旧址群均位于湖北省恩施州鹤峰县，是著名的革命圣地。在学习本章内容时，可以结合对革命遗址的考察，通过讲解革命先烈的光辉事迹，引导和加深学生对从1919年至1949年的30年中中国革命历史的了解。

一、三十年基本情况概述

从1919—1949年，虽然只有30年的时间，却是真正决定中国命运的

---

① 朱世学：《鹤峰五里坪土地革命时期活动调查》，《中南民族学院学报（哲学社会科学版）》1991年第2期，第101页。

② 本卷编委会编：《中国西部开发信息百科·湖北恩施卷》，武汉：湖北科学技术出版社，2003年，第264-265页。

30年，也是中国近现代史上最为关键的30年。我们之所以称之为翻天覆地的30年，是因为在这30年中，中国人民面临着最为严峻的国际环境、遭遇着最为沉重的阶级压迫，却走出了一条最为光明的远大前程。

这一时期，中国社会的性质仍然是半殖民地半封建，中国社会的主要矛盾仍然是中国人民同外国帝国主义和本国封建主义的矛盾，也就是说，这一时期与鸦片战争后中国社会的基本情况并没有实质性变化。但革命力量和领导力量发生了变化。1919年，由于爆发了五四运动，中国的工人阶级被推上了历史舞台，取代资产阶级成为民主革命的领导力量，也使得中国的民主革命由于领导者的区别被划分为新旧两个历史时期。此外，由于农民阶级仍旧是中国底层人民的大多数，所以革命的主力还是农民，但也是因为五四运动，工人、学生和民族资产阶级作为革命的力量发展壮大起来了。

这一时期，外国帝国主义、本国封建主义和官僚资本主义，是压在中国人民身上的"三座大山"。为了反抗和推翻"三座大山"，中国人民进行了艰苦卓绝的革命斗争，这一时期，发生了中国历史上两次国内革命战争。

二、第一次国内革命战争时期

第一次国内革命战争，亦称"大革命"，时间从1924年至1927年，是中国人民在国共两党合作领导下进行的反帝反封建的革命运动，是以推翻北洋军阀的反动统治为直接目标的革命斗争。帝国主义列强支持下的北洋军阀政府是辛亥革命失败之后中国反动势力的政治代表。大革命是第一次国共合作的产物，中国共产党人在大革命中具有无可替代的作用。第一，中国共产党是大革命目标的明确者，是反对帝国主义和反对军阀的口号的提出者；第二，中国共产党是大革命统一战线的倡导者和组织者；第三，中国共产党是大革命中群众运动的发动者和组织者；第四，中国共产党人在大革命的武装斗争中发挥了先锋模范作用。例如由共产党直接领导的、共产党员叶挺担任团长的第四军独立团在北伐中战绩卓越，赢得"铁军"称号。1926年至1928年，国民革命军进行的北伐战争基本消灭了北洋军阀，取代北洋军阀统治中国的，是英美帝国主义支持下由国民党蒋介石控制的南京国民政府。北伐期间，蒋介石发动"四一二"反革命政变，以"清党"为名，大肆捕杀共产党员和革命群众。汪精卫紧接着发动"七一五"反革命政变，在武汉开展"分共"会议，标志着国共合作全面破裂，大革命宣告失败。

大革命失败后，国民党右派蒋介石组建了南京国民政府，并且完成北伐和新军阀的兼并，建立起对外投靠帝国主义、对内专制独裁高压的反动统治，中国革命的任务仍然没有完成。因此，中国革命仍然具有必要性、正义性和进步性。敢不敢坚持革命、怎样坚持革命，成为中国共产党人和革命群众必须回答的两个根本性的问题。在此背景下，发生了第二次国内革命战争。

三、第二次国内革命战争时期

第二次国内革命战争，又称为"土地革命战争"，时间从1927年至1937年，是中国共产党领导的中国工农红军和革命群众为反对国民党蒋介石集团的反动统治、废除封建土地所有制、建立工农武装政权的反帝反封建的革命运动。

首先是"敢不敢坚持革命"的问题。中国共产党人的回答是坚定的、明确的，并用一系列武装斗争加以证明。1927年，周恩来、贺龙、叶挺、朱德、刘伯承、谭平山等领导的八一南昌起义，打响了武装反抗国民党反动统治的第一枪。这是中国共产党独立领导革命战争、创建人民军队和武装夺取政权的开端。9月9日，毛泽东等领导的湘赣边秋收起义，公开打出了"工农革命军"的旗帜，抛弃了"国民革命军"的称号。由于南昌起义的队伍被打散，叶挺带部队南下，于12月11日与张太雷等领导广州起义。从1927年大革命失败到1928年初，中国共产党先后领导了近百次武装起义。中国革命进入了创造红军的新时期，开启了中国革命新纪元。其中湘鄂西地区就爆发了由贺龙等领导的轰轰烈烈的革命斗争，组建了中国工农红军红二军团，创造了一片大好的革命形势。

其次是"怎样坚持革命"的问题。南昌起义后，1927年8月7日，中共中央在汉口秘密召开紧急会议，即"八七会议"，彻底清算了大革命后期的陈独秀右倾机会主义错误，确定了土地革命和武装反抗国民党反动统治的总方针。毛泽东在会上发表了党必须依靠农民和枪杆子里出政权的思想。八七会议使中国共产党在政治上前进了一大步，开始了从大革命失败到土地革命战争兴起的转折。秋收起义后，由于攻打长沙受挫，毛泽东做了一个重要决定，就是转向敌人控制比较薄弱的农村发展，开创了第一块农村革命根据地——井冈山革命根据地，被称为"中国革命的摇篮"。而贺龙等创建的湘鄂西革命根据地则是最早开展武装割据斗争、斗争时间最长、土地革命最为深入、反"围剿"斗争最为惨烈的一块革命根据地。

四、贺龙等在湘鄂西地区开展革命斗争

南昌起义之后，队伍被迫转移，除叶挺带部南下领导广州起义之外，朱德、陈毅率部转战闽粤赣湘边，参加湘南起义后于1928年4月到达井冈山与毛泽东率领的秋收起义部队会师。贺龙则返回湘鄂边继续开展革命斗争。贺龙是湖南桑植县人，早年加入孙中山领导的中华革命党，参加了北伐战争，南昌起义时应共产党员谭平山策动，脱离国民党、加入共产党，任南昌起义总指挥之一。贺龙回到湘鄂西，做了几件大事：

发动起义。1928年年初，贺龙领导发动了荆江两岸年关暴动和湘西起义。

开辟革命根据地。1928年，贺龙与周逸群等人开辟了湘鄂边革命根据地和洪湖革命根据地，两个革命根据地于1930年连成一片，发展为湘鄂西革命根据地。

创建工农红军。1928年，贺龙与段德昌等人在洪湖地区组建中国工农

红军第四军（湘鄂西红四军），1930年又成立了中国工农红军第六军，7月，红四军与红六军在湖北公安会师，组成中国工农红军第二军团，贺龙任总指挥，红军和地方武装发展到三万余人，这支部队成为中国工农红军主力之一，也是红军长征中唯一没有损失的一支部队。

建立苏维埃政府。1929年1月，贺龙率领工农革命军解放鹤峰县城，创建了湘鄂西第一个县级苏维埃政府——鹤峰苏维埃政府；1930年，贺龙等在湘鄂西革命根据地成立了中共湘鄂西特委和湘鄂西联县政府，并建立了中共中央湘鄂西分局、中共湘鄂西省委、省苏维埃政府、省革命军事委员会等机关。1931年7月至1932年4月，湘鄂西苏区的首府迁至湖北监利县。湘鄂西苏区是当时中国共产党领导的三大苏区之一，创造了中国革命辉煌的篇章。

贺龙、段德昌、王炳南、贺英等革命先烈在湘鄂西地区坚持革命斗争，赢得了当地百姓的支持和拥戴，至今还流传着大量的红色歌谣和革命故事。如关于贺龙将军的有《桑植出贺龙》《贺军长领我们闹翻身》《贺龙与"水"》《一块银圆》《巧布火龙阵》等，关于红三军师长段德昌的有《我也是战士》《铁的纪律》《天下穷人一样心肠》《赔地板》《一缸水》《以大局为重》《节约子弹杀敌人》等，关于红三军参谋长王炳南的有《援兵》《巧夺小飞桥》《遇害》等，关于贺龙胞姐、湘鄂川黔边区联防游击队司令贺英的故事有《夜半枪声》《贺香姑办学》《借枪》等。满山红烈士陵园就安葬着段德昌、王炳南、贺英等革命烈士的忠骨。五里坪革命旧址群则记忆着那一段辉煌而激烈的革命斗争史。这些革命遗迹、红色歌谣、革命故事都是进行中国革命历史教育最为直接、最为生动、最为深刻的资源。

[教学建议]

本案例适用于《中国近现代史纲要》（2021年版）教材第四章第三节"中国革命的新局面"部分的辅助教学。

第五章

中国革命的新道路

案例1：巴东民间小调《诉苦歌》

[教学目标]

1. 通过对巴东民间小调《诉苦歌》内容的了解和分析，引导学生认清国民党统治下旧中国人民群众的真实生存状况，了解压在中国人民身上的"三座大山"以及人民群众自觉产生的反抗官僚资本主义和封建主义的革命斗争精神。

2. 通过对民歌、民谣、民间故事的了解和学习，分析其产生的时代背景及其所反映的深刻的社会问题；对比国共两党所采取的政治制度和策略，分析国共两党所代表的不同阶级力量及提出的不同建国方案，以此明确为什么说只有中国共产党才能领导中国人民建立新中国。

[案例呈现]

诉苦歌[①]

（小调）

正月是新春，听我诉苦根，

从前保长好狠的心，光整我穷人。

那些有钱人，按他过新春，

兵、夫、粮、物都不征，穷人光遭瘟。

---

① 田从海主编：《巴东民间歌谣》，北京：民族出版社，2007年，第299-301页。

二月是春分，保长下命令，
要帮夫子背家粪，不去硬不行。
走到保长家，忙往筐里扒，
再苦再累要忍住，不然几嘴巴。

三月是清明，上头来命令，
速要保长把兵征，百姓难活命。
大户人家他不去，专找穷人们，
多儿独子一起抓，家家哭沉沉。

四月是立夏，保长要人把田挖，
全家大小都得去，不去受处罚。
有的事情多，一家去一个，
保长当场发了火，你再莫想把安静日子过。

五月是端阳，日子好饥荒，
正是青黄接不上，还要交公粮。
保长派壮丁，跑上门来逼，
分的数字要缴齐，不然打脱皮。

六月是三伏，保长要起屋，
又到各家来要物，还要送豆腐。
打的去打墙，挖的去挖土，
屋起好了他只住，还说吃了苦。

七月是月半，要接他吃饭，
想尽办法弄一桌，他还不喜欢。
有的硬无法，没有去接他，

他就出些鬼点子，处处把人压。

八月是中秋，保长整生酒，
又要前去送贺礼，真叫人发愁。
提着两只鸡，背上两斤谷，
望到娃娃饿哒哭，送进保长府。

九月是重阳，春雷一声响，
我们穷人翻了身，保长滚下场。
缴了他的枪，清了他的账，
从此再不受压迫，自己把家当。

十月小阳春，工作队进了村，
组织农会闹土改，穷人笑盈盈。
分了房和地，人人真欢喜，
努力生产多打粮，紧跟毛主席。

（田柞彪 演唱，田新华 搜集）

注：这是一首流传于巴东民间的歌谣。国民党统治时期，四川发生饥荒，巫山县河梁的一位灾民，为了谋生，逃到湖北巴东县水浒坪村，给当地保长张安邦做工，受尽剥削和压迫。新中国成立以后，这位灾民重新回到四川老家生活。后来又来到巴东水浒坪时，回忆和感慨起在旧社会的苦日子，就编唱了这首小调。

[思考讨论]

1. 根据巴东民间小调《诉苦歌》中所提到的内容，阐述国民党是通过哪些手段加强对人民群众的控制并进行独裁统治的？

2. 为什么说只有彻底推翻压在中国人民身上的"三座大山"，才能实现民族的独立和人民的解放？

[案例分析]

在各地流传和发展的民歌中，有一类叫作"小调"，是普通人民在日常生活中形成的一种歌唱形式。小调一般可以分为吟唱调、谣曲和时调三大类，诉苦歌正是谣曲中的一种，常见的诉苦歌有长工诉苦歌、妇女诉苦歌、孤儿诉苦歌等，长工诉苦歌几乎遍及全国各个地区，反映了穷苦人民对旧社会的不满，恩施各地的民歌中也都有相关内容。

本案例是一首曾经在巴东地区被广为传唱的长工诉苦歌，反映了国民党统治时期老百姓生活的苦难以及新中国成立后人民迎来幸福生活的喜悦之情。

一、国民党在全国的统治

1918年，孙中山建立广州军政府，与北洋政府形成南北对峙的局面。1925年，孙中山先生逝世后，7月1日，军政府改为国民政府，以汪精卫为主席，军队统称"国民革命军"，北伐战争就是由广州国民政府主持的。1926年，北伐军占领武汉三镇后，国民政府迁至武汉。1927年4月12日，以蒋介石为首的国民党右派在上海发动"四一二"反革命政变，大肆屠杀共产党员、国民党左派和革命群众，4月18日，蒋介石在南京成立了新的国民政府，即南京国民政府。7月15日，国民党主席汪精卫在武汉召开"分共"会议，发动反共、清共的"七一五"反革命政变。8月25日，武汉国民政府迁至南京，与南京国民政府合二为一，史称"宁汉合流"。1928年6月，北伐军进驻京津地区，彻底结束了北洋军阀的统治。6月4日，奉系军阀首领张作霖从北京退回关外途中，被日本人炸死，其子张学良选择改旗易帜，国民党实现了在全国范围内的统治。

以蒋介石为首的南京国民政府代表的是地主阶级和买办资产阶级的利益，是一个由反动集团所控制的政府，抛弃了孙中山先生的三大政策，抛弃了工农联盟、统一战线，实质上与北洋军阀没有根本区别。蒋介石在全国范围内实行的是国民党一党专政的军事独裁，使人民群众陷入水深火热之中。

国民党建立了庞大的军队，1929年3月达200万人。此外，还有地方反动民团，称为保安队，协助监视、控制和镇压百姓。

建立特务机构中统和军统，主要用来对付共产党，也包括进步人士和革命群众，使得人民群众生活在恐惧之中。

推行保甲制度，实行保甲、连坐。10户为1甲、10甲为1保，分设甲长、保长，让老百姓相互监视、相互告发。案例巴东民间小调《诉苦歌》正是描绘了穷苦百姓在保甲制度下的痛苦生活。国民党利用甲长、保长等向老百姓横征暴敛，哪怕是闹了瘟疫、遭了灾，哪怕是青黄不接的时节，也必须要上交公粮，否则就会遭到威逼和毒打；老百姓还要承担兵役、徭役等，如歌中所唱"三月是清明，上头来命令，速要保长把兵征，百姓难活命"，"五月是端阳，日子好饥荒……保长派壮丁，跑上门来逼"，还有"二月是春分，保长下命令，要帮夫子背家粪，不去硬不行"，"四月是立夏，保长要人把田挖，全家大小都得去，不去受处罚"等等；此外，老百姓日子过得苦，却还要给保长送礼、请保长吃饭、帮保长家干活。可以说，老百姓是恨死保长了，而保长只不过是国民党统治的基层代言人，国民党政府的征税、摊派等都是通过保甲来完成的。从1934年12月开始，保甲制度在全国范围内被普遍推行，广大人民被禁锢在保甲制度之中，深受其害。

采取文化专制政策，查禁进步书刊，迫害进步作家。

二、共产党在根据地的斗争与建设

与国民党一党专政的军事独裁统治不同，中国共产党人则一方面在国民党制造的"白色恐怖"下坚持革命，另一方面继续探索中国革命的新道路。中国共产党人始终站在人民群众的立场上，始终代表着无产阶级的根本利益，以土地问题的解决作为革命新道路的切入点和突破口，走农村包围城市、武装夺取政权的道路，建立红色政权，开展土地革命。

1. 土地革命时期的斗争情况

1927年10月，毛泽东将秋收起义的部队带到了井冈山，建立了井冈山革命根据地，在井冈山进行革命实践，接连写了三篇文章《中国的红色政权为什么能够存在？》《井冈山的斗争》《星星之火，可以燎原》，形成了"农村包围城市、武装夺取政权"的理论。随着革命新道路的开辟，中国革命开始走向复兴。

到1930年初，共产党领导人民群众建立了大小十几块农村根据地，红军发展到7万人，连同地方武装共约10万人。1930年，由于敌人的"围剿"，红军撤离井冈山，1931年到达江西瑞金，建立中华苏维埃共和国临时中央政府。

土地革命时期，中国共产党领导的工农红军在军事上实行"诱敌深入、避敌主力、打其虚弱"的积极防御方针以及"敌进我退，敌驻我扰，敌疲我打，敌退我追"的十六字游击战术要诀，取得了四次反"围剿"的胜利。经济上实行"打土豪，分田地"的根据地的土地政策。文化上主要是国统区的左翼文化运动，例如，鲁迅的杂文、瞿秋白的评论、茅盾的小说《子夜》《林家铺子》、聂耳、田汉的《义勇军进行曲》、邹韬奋主办的《生活周刊》（三联）都是这一时期出现的进步文艺作品。

2. 土地革命的纲领和路线

进行土地革命，目的是消灭封建土地私有制，实现农民的土地所有制，解放和发展农村生产力。1931年2月，毛泽东通过进一步总结根据地土地革命的经验，提出了切实可行且比较完整的土地革命纲领和路线。

土地革命时期，中国共产党在农村实行了坚定地依靠贫农、雇农，联合中农，限制富农，保护中小工商业者，消灭地主阶级的阶级路线。规定了农民已经分得的田归农民个人私有，可以自主租借买卖，别人不得侵犯；生产的产品，除向政府缴纳土地税外，均归农民个人私有，任凭自由买卖的土地分配制度。实行以乡为单位，按人口平分土地，在原耕地的基础上，实行抽多补少、抽肥补瘦的土地分配方法。

正如案例中所描绘的，"九月是重阳，春雷一声响，我们穷人翻了身，保长滚下场。缴了他的枪，清了他的账，从此再不受压迫，自己把家当。"反映的就是根据地实行的"打土豪，分田地"的土地政策。

3. 共产党在苏区的建设

与国民党的独裁统治不同，共产党在创建的革命根据地，成立苏维埃政府，通过土地法、劳动法，开展了有利于人民的斗争和建设。

首先，实行工农兵代表大会制度。选举产生工农兵代表，召开乡工农兵代表大会，吸收工农群众代表参加政权管理，实现老百姓当家做主的权利。苏区的制度大大提高了人民群众的生产积极性，获得了土地的农民自愿开展互助合作运动，努力开荒种地、兴修水利、增加粮食产量，支援红军。案例中"十月小阳春，工作队进了村，组织农会闹土改，穷人笑盈盈。分了房和地，人人真欢喜，努力生产多打粮，紧跟毛主席"生动地描绘了共产党人在农村建立农会，穷苦农民分得了房子和土地，人人喜悦，欢天喜地大生产的场景。

其次，共产党在苏区大力发展文化教育事业。建立夜校、半日制学校、补习学校、识字班；此外还创办了马克思共产主义学校、列宁师范学校、中央农业学校、高尔基戏剧学校等，努力提高农民群众的文化教育水平。

最后，苏区政府加强廉洁从政教育。规定"贪污公款在500元以上者处以死刑"，苏维埃政府成为中国历史上从未有过的真正廉洁的政府，与国民党的腐败形成鲜明对比。

[教学建议]

本案例适用于《中国近现代史纲要》（2021年版）教材第五章第一节"中国共产党对革命新道路的探索"部分的辅助教学。

案例 2：湘鄂边革命根据地的创建

[教学目标]

1. 根据湘鄂边革命根据地创建的具体情况，了解以毛泽东为代表的中国共产党人坚持一切从实际出发，批判把马克思主义教条化，把苏联经验和共产国际决议神圣化的错误倾向，探索开辟中国革命新道路的过程和历史意义。

2. 通过对湘鄂边地区特点的分析，了解湘鄂边地区开辟和创建革命根据地的历史地理条件，掌握湘鄂边革命根据地斗争的复杂性和艰巨性，铭记革命先烈不忘初心、牢记使命、坚持革命、奋不顾身的精神。

[案例呈现]

1927年8月1日，周恩来、贺龙等领导了南昌起义，中国共产党人开始独立领导自己的武装力量反抗国民党的反动统治，也是人民军队开始创建的标志。但由于客观上敌我力量相差悬殊，南昌起义的队伍被迫分散。经党中央批准，贺龙、周逸群等于12月回到湘鄂西，组建中共湘西北特委。1928年初，贺龙、周逸群在两湖地区发动年关暴动和湘鄂边起义，先后开辟了湘鄂边根据地和洪湖根据地，并创建了红四军和红六军。湘鄂边革命根据地，是以湖北鹤峰、湖南桑植为中心，包括五峰、长阳、松滋、恩施、建始、宣恩、巴东、石门等县的大部分或一部分地区。[①]

---

① 王跃飞：《湘鄂西与湘鄂川黔革命根据地研究》，西宁：青海人民出版社，2005年，第30页。

一、贺龙与湘鄂边

1928年3月，贺龙、周逸群前往桑植，依靠亲友、同乡、旧部等关系，迅速组建起一支3000余人的队伍，还有700多支步枪。4月2日，革命军队攻下了桑植县城，建立桑植县委，就此拉开了湘鄂边武装割据的序幕。①

据贺龙回忆，回桑植前，为了避开敌人，绕道回到自己的家乡——洪家关。在贺龙回洪家关前，他的亲戚、朋友和旧部下王炳南、刘玉阶、李青云、钟镇吾、谷志龙，还有他的姐姐贺英等几十股武装力量正在相互火拼，彼此都不信任。贺龙来了，对他们讲："你们退下子弹，再不许打，都跟我干革命！"再加上周逸群对他们进行革命宣传，很快就放下嫌隙，集聚了3000多人，打起了工农革命军的旗号。②

这段回忆至少说明了两个问题：第一，当时的革命形势十分严峻。一方面是敌人异常强大。贺龙等到达湘鄂边，途经连云溪、毛草街、张家湾等地，都住满了敌人，只能绕道而行；到了湖南石门，本来是要与石门党组织会合，结果了解到石门党组织已经分裂了，一部分动摇分子叛变了革命，石门军事部长罗效之就带着部队投靠了国民党。③另一方面就是贺龙提到的地方革命力量较为分散、不团结、各自为政、缺乏统一的领导。

第二，湘鄂边有建立革命根据地的优势。参加了桑植起义和湘鄂边根据地建设的张德将军在回忆录中提道："湘鄂边界桑植、鹤峰一带崇山峻岭，连绵起伏几百里，十里无村落，百里无城镇，穷乡僻壤，十分贫困。当时在国民党反动统治下，官匪、地主恶霸相互勾结，残酷压榨人民。广大人民群众过着饥寒交迫的苦难生活，要求革命的积极性很高。而这一带的反动统治相对来说较其他地区薄弱，同时贺龙的老家是桑植洪家关，对

---

① 田子渝、黄华文:《湖北通史·民国卷》，武汉:华中师范大学，1999年，第346页。
② 贺龙:《湘鄂边风暴》，中共中央党史资料征集委员会编:《中共党史资料》(第32辑)，北京:中共党史资料出版社，1989年，第12页。
③ 贺龙:《湘鄂边风暴》，中共中央党史资料征集委员会编:《中共党史资料》(第32辑)，北京:中共党史资料出版社，1989年，第11页。

这一带的情况熟悉。当地的地方势力派，一部分是贺龙的旧部属，另一部分在历史上也和贺龙有某些联系，便于利用发展武装斗争。此外，地理条件也很有利，进可以东下湘鄂中部，西上四川，北至鄂西北，南入贵州；退可据险固守，便于游击作战，生息发展。"[①] 这说明，之所以能够在湘鄂边创建革命根据地，得益于当地独特的地理条件和民俗民情，特别是贺龙的个人威望。贺龙参加南昌起义时领导的20军，有一部分跟随贺龙回到桑植，人枪齐全，有了独立武装的基础，加上湘鄂边地方的亲友、旧部等，能够很快形成割据力量。[②]

二、创立湘鄂边苏区

进入桑植，贺龙、周逸群是有自己的方针的：第一成立县委，发展组织；第二整编队伍。[③]

1928年3月，贺龙、周逸群集合3000多人，打起工农革命军的旗号，进入桑植县城，成立县委，以李良耀为书记，组建了苏维埃政权。4月初，贺龙红军突然遭遇国民党第43军龙毓仁旅的进攻，与敌人在梨树垭、洪家关、苦竹坪等地打了三仗，但因部队刚刚集中，尚未整编，导致失败，队伍也被敌人打散，使得贺龙与周逸群被敌人隔开，暂时失去了联系。周逸群被迫转往石首等地发展农民运动。贺龙则会同贺锦斋、张一鸣、李良耀等同志，在桑植、鹤峰边界红土坪一带收集失散的队伍，又集中了三四百人，重新在桑植、鹤峰边界一带活动。6月，龙毓仁部从桑植西撤，贺龙领兵歼敌一个连，打了一个胜仗，队伍深受鼓舞，原先失散的很多人重回部队，还有很多人来参加红军，工农革命军扩大到1500余人。

此时，湘西特委委派陈协平带来湖南省委的指示，指示要求在红军

---

① 魏胜权主编：《战斗在湘鄂西——张德同志回忆录选编》，北京：中国文史出版社，1990年，第12页。

② 王跃飞：《湘鄂西与湘鄂川黔革命根据地研究》，西宁：青海人民出版社，2005年，第30—31页。

③ 贺龙：《湘鄂边风暴》，中共中央党史资料征集委员会编：《中共党史资料》（第32辑），北京：中共党史资料出版社，1989年，第12页。

中成立党的前敌委员会，领导党和军队的工作。前委由贺龙、陈协平、李良耀、贺锦斋、张一鸣等组成。贺龙任前委书记，召开大会，将部队改编为工农革命军第四军，贺龙任军长，黄鳌任参谋长，下属第一师师长贺锦斋、党代表张一鸣，共七八百人。另有文南浦、贺桂如、贺佩卿等率领的几个支队，约700人。革命的武装呈现出新的面貌。

1928年8月至9月，工农革命军转战石门、澧县、松滋一带进行游击战，但遭遇了国民党重兵打击，伤亡严重，仅剩200余人，于是转移到鄂西深山中坚持打游击。12月，按照湘西特委和鄂西特委的指示，将湘西前敌委员会改为湘鄂边前委，贺龙任书记，张一鸣、陈协平、李良耀、汪毅夫为委员。

1929年春，湘鄂边前委收到中央的来信，得知党的六大决议和中央重要指示，即建立红军、建立农村革命根据地，开展土地革命。根据党中央的指示，在深刻分析了敌我双方政治、军事、经济形势的基础上，贺龙等决定将红军带往湖北咸丰，后又转战湖北利川、建始、鹤峰等地，并在鹤峰建立根据地，成立鹤峰县委和苏维埃政府。湘鄂边土地革命运动再次高涨。

1928年3月，贺龙、周逸群等来到湘鄂边，历经2年多的艰苦斗争，建立起以桑植、鹤峰为中心，包括五峰、长阳等地的湘鄂边革命根据地，建立和发展党的组织，组建各级苏维埃政权，建立和发展工会、农会，开展土地革命和农民运动，使湘鄂边根据地成为湘鄂西根据地的重要组成部分。[1]

三、红四军转战湘鄂边

1929年春，收到中央来信后，贺龙等对红四军进行了整训，学习毛泽东井冈山斗争的经验。在红四军军中，反对军阀主义思想，要求官兵一律平等，建立民主制度，加强军队纪律，建立政治机关，开展思想政治教

---

[1]　王跃飞：《湘鄂西与湘鄂川黔革命根据地研究》，西宁：青海人民出版社，2005年，第34—35页。

育。随着队伍规模的不断扩大，党员人数迅速增加，由红四军前委领导，建立了4个支部，对党员进行常规教育。军下设第一路指挥部，以王炳南为指挥，张一鸣任党代表，下辖五个中队。红四军人数千余人，枪300余支，政治质量与军事素质都有了极大提高。①

1929年2月至1930年7月，贺龙率领红四军五次转战湖北五峰、长阳，为两县苏区的建立、发展和巩固做出了积极有力的支持和贡献。1929年，贺龙率领红四军两次转战五峰渔洋关、蒿坪及长阳都镇湾、枝柘坪等地。4月25日，红军在长阳都镇湾召开会议，贺龙作出指示"必须迅速组建地方武装"，鼓励长阳地区开展武装斗争，并任命李步云为长阳县游击队指挥员。②7月9日，受贺龙指示，李勋（长阳都镇湾人）在西湾大沙坝组织召开3000多人参加的军民大会，宣布县保卫团起义，这就是震惊湘鄂边的"西湾起义"。湘鄂西前委代表陈寿山宣布成立中国工农红军第六军，任命李勋为军长，全军由县保卫团、赤卫队、游击队、神兵等多支革命力量合编组成，共计1100余人，这是全国少数民族地区诞生的第一支以军为建制的红军队伍，被称为"少数民族第一军"。

1930年2月，鄂西特委委派万涛来到鹤峰，向前委传达了鄂西特委关于红四军与红六军会师的指示。前委决定：在鹤峰留下一个独立团，在桑植留下一支游击队，坚持湘鄂边地区的斗争。红四军东进，在五峰县消灭了当地势力最强的团防武装，建立了五峰县苏维埃政权。4月，抵达松滋县境内，与国民党独立14旅所部及附近各县团防武装2000余人激战，继续东进，进入澧县境内，消灭敌人一个营。6月18日，进至公安县申金渡和松滋县西斋。7月1日，鄂西红六军占领公安县城，7月4日，红四军与

---

① 王跃飞：《湘鄂西与湘鄂川黔革命根据地研究》，西宁：青海人民出版社，2005年，第33页。
② 中共宜昌市委宣传部、宜昌市社会科学界联合会编：《三峡·宜昌》，宜昌县税务印刷厂，1994年，第68页。

红六军胜利会师。[①]

四、湘鄂边根据地的成功经验

统一战线、武装斗争、党的建设，是中国革命的三大法宝。这三大成功经验也充分体现在湘鄂边革命根据地斗争的实践之中。

首先，是统一战线思想和策略的应用。贺龙、周逸群转战湘鄂边开辟根据地之初，红军力量极为薄弱，如果只依靠单打独斗，很快就会被强大的敌人所消灭。贺龙充分发挥自身在当地的影响力，积极拉拢各种地方武装力量，包括一些封建思想浓厚的地主武装，如"神兵"组织，再进行改编，能够起到分化瓦解敌人的作用。很多参加过湘鄂边革命斗争的老同志回忆说："在那一段，贺龙如果不利用拉关系，搞统一战线，我们是无法站住脚的，发展也没有那样快。"贺龙利用拉关系的方式，搞统一战线，这种经验，在第二次国内革命战争时期是较为独特的。[②]

其次，武装斗争是湘鄂边根据地得以创建和坚持发展，并形成湘鄂西革命根据地的保障和手段。如果没有贺龙等坚持以革命的武装反抗反革命的武装，用一次又一次的胜利巩固下这块根据地，坚持不懈五年之久，就不会有湘鄂边、湘鄂西的存在，也不会有红四军、红六军的诞生。革命艰难，唯有坚持！

再次，就是坚定不移依靠党的领导，进行党的建设。贺龙曾经总结在桑植的第一次失败时说道："封建思想是主要原因。家族、亲戚、旧部下都是我个人号召来的，部队没有党的组织，不明白党的政策，不知道为谁打仗，很多人认为是给我一个人干的，想跟我升官发财，部队里若有党的组织和教育，有无产阶级的政治觉悟就打不垮了。我们领导干部虽是共产党员，也代表了党，但很缺乏经验，部队中又缺乏骨干，因此经不起风

---

① 王跃飞：《湘鄂西与湘鄂川黔革命根据地研究》，西宁：青海人民出版社，2005年，第34页。

② 王跃飞：《湘鄂西与湘鄂川黔革命根据地研究》，西宁：青海人民出版社，2005年，第36页。

波。"① 所以，贺龙等转战湘鄂边，每攻克一地，必定建立县委，建立党的组织，形成苏区，并对当地武装力量及时进行整编，改造思想，同时将党的政策向广大群众进行宣传，扩大党的影响力。

对湘鄂边根据地的斗争来说，贯穿于统一战线、武装斗争、党的建设中的，还有一个关键性的因素，就是依靠贺龙的个人威望，汇合起受过一定革命教育和影响的旧式武装，进行革命根据地的创建，成为湘鄂边根据地创建成功的因素之一。如果没有贺龙及其家族在当地的威望和影响力，没有他们对于当地实际情况的熟悉和深刻了解，不可能最终发展为党领导的三大苏区之一——湘鄂西苏区。因此，有学者认为，贺龙以他的威望吸收旧部，作为湘鄂边地区革命斗争发展的一个前提，组建红军，开辟根据地，这是一个特殊现象。②

[思考讨论]

1.根据湘鄂边革命根据地的发展历史，阐述湘鄂边地区开辟和创建革命根据地的有利条件和不利的因素。

2.结合湘鄂边革命根据地斗争的成功经验，说明中国革命的新道路是如何开辟的。

[案例分析]

湘鄂边革命根据地是土地革命战争时期，由贺龙等中国共产党人在湖南、湖北两省边界所创建的革命根据地。本案例主要从湘鄂边地区的特点、湘鄂边根据地的形成、红四军的创立、湘鄂边根据地的成功经验等方面，具体和全面地介绍了整个湘鄂边革命根据地的历史。湘鄂边革命根据地是湘鄂西革命根据地的前身及重要组成部分，湘鄂西革命根据地是大革

---

① 贺龙：《湘鄂边风暴》，中共中央党史资料征集委员会编：《中共党史资料》（第32辑），北京：中共党史资料出版社，1989年，第13页。

② 王跃飞：《湘鄂西与湘鄂川黔革命根据地研究》，西宁：青海人民出版社，2005年，第35页。

命失败之后，中国共产党所开辟的革命根据地之一，在第二次国内革命战争中发挥了巨大的作用。

通过本案例，一方面可以以小见大，了解中国共产党所创建的革命根据地的背景及原因、特点及特色、结果及作用等，了解中国革命新道路的具体表现；另一方面可以由点及面，掌握整个土地革命战争时期中国共产党所建立的革命根据地的整体情况及历史贡献。

一、中国共产党创建革命根据地的历史背景

1. 大革命失败的原因

在国民党蒋介石发动"四一二"反革命政变之后，1927年4月，中共五大在武汉召开，党的任务就是如何挽救革命，并纠正陈独秀右倾机会主义的错误。1928年6月，中共六大在莫斯科秘密召开，总结了大革命失败的教训。

从客观上看，大革命的失败是由于反革命势力的强大，资产阶级发生动摇、统一战线出现分化，帝国主义、地主势力、买办势力相结合统一到反革命阵营中。但从主观上来讲，则是共产国际和中国共产党人内部出现了右倾的错误，集中反映为放弃党对统一战线的领导权，特别是对武装力量的领导权。大革命虽然失败了，却为即将到来的土地革命做了必要的准备。

2. 放弃"城市中心论"

"城市中心论"是共产国际提出的路线方针，是根据欧洲工人运动的实际状况提出来的方案，因为欧洲的资本主义发展起步早、已经相当成熟，工人阶级也已经发展壮大。但这条革命道路并不符合中国的实际。

首先，中国是一个政治经济发展不平衡的大国，中国传统闭塞的小农经济十分顽强，农村是敌人统治相对薄弱的地方。当革命低潮时，在农村积蓄力量、进行武装割据，是有存在的可能性的。

其次，中国是一个落后的农业大国，农村的农民是最广大的人民群众。社会结构中农村人口占全国人口的90%。由于中国革命的敌人异常强

悍，所以必须深入广大农村，团结组织最广大的农民，才能完成革命的任务。

3. "农村包围城市"革命道路的提出

第一，毛泽东最早开始关注农民问题。1925年12月，毛泽东在《中国社会各阶级的分析》一文中指出："中国无产阶级的最广大和最忠实的同盟军是农民。"①1927年3月，毛泽东在《湖南农民运动考察报告》中指出："农民成就了多年未曾成就的革命事业，农民做了国民革命的重要工作。"②并形成了农民问题是国民革命中心问题、农民是中国革命主力军的观点。③之后的"八七会议"，毛泽东在理论上阐明了武装斗争在中国的特殊重要性，论述了农村应当成为党的工作重心的思想。

第二，毛泽东最早将革命的进攻方向指向了农村。1927年秋，在经历了秋收起义的失败之后，毛泽东当机立断，改变了继续攻打大城市长沙的计划，并主持召开了文家市会议，会议决定起义队伍转向农村，这是"农村包围城市"战略思想的初步形成。

第三，毛泽东最早提出了"工农武装割据"的思想。毛泽东在1928年10月写作的《中国的红色政权为什么能够存在？》以及11月写作的《井冈山的斗争》中，阐述了在中国共产党的领导下，以武装斗争作为主要形式、以土地革命作为中心内容，以农村革命根据地作为战略阵地的革命新道路，"工农武装割据"思想初具雏形。

第四，毛泽东明确提出了"农村包围城市、武装夺取政权"的理论。1930年1月，毛泽东《星星之火，可以燎原》一文的出现，标志着以农村为中心思想，把党的工作重心放在农村，开展武装割据，实行农村包围城市，最后夺取城市和全国政权的革命道路的理论基本形成。

---

① 毛泽东:《毛泽东选集（第一卷）》，北京：人民出版社，1991年，第3页。
② 毛泽东:《毛泽东选集（第一卷）》，北京：人民出版社，1991年，第18-19页。
③ 毛泽东:《毛泽东选集（第一卷）》，北京：人民出版社，1991年，第23、183页。

4. 湘鄂边革命根据地得以创建的原因

正如毛泽东结合井冈山地区的具体情况开展革命斗争一样，贺龙等根据湘鄂边地区的特点创建根据地。正如案例中所提到的，能够在湘鄂边地区创建根据地的原因，概括起来主要有四个方面：

一是地理优势。湘鄂边地区以山地为主，适合开展游击战争。

二是历史传统。湘鄂边地区民风强悍，能够形成颇具战斗能力的武装力量。

三是统治薄弱。国民党正规部队在湘鄂边地区数量不多，中国共产党人和革命群众进行武装斗争并取得胜利的可能性较大。

四是领导力量。例如贺龙在湘鄂边地区具有较高的威望，凭借个人影响力能够聚集起一支革命的队伍。

此外，在湘鄂边地区创建革命根据地还有其必要性，这就是第一次国内革命战争对该地区的影响比较有限，特别是中国共产党基层党组织的建立、武装暴动的影响力等都较为有限，人民群众对于中国共产党的认识较为模糊。因此，更需要在湘鄂边地区建立党的组织和武装力量，扩大党的政治影响力，推动当地革命运动的发展。

二、中国共产党创建革命根据地的斗争经验

毛泽东通过总结群众斗争经验，创造性地解决了为坚持和发展农村根据地所必须解决的一系列根本问题。

1. 关于党的建设问题

毛泽东最早在党内提出实事求是的思想路线。1930年5月，毛泽东在《反对本本主义》中，提出"没有调查就没有发言权"，要坚持实事求是的唯物主义路线。标志着"农村包围城市，武装夺取政权"理论的完全成熟，中国化的马克思主义即毛泽东思想的基本形成。

本案例中，湘鄂边革命根据地的成功经验之一就是"依靠党的领导"，只有在党的领导下，才能将旧式武装改造为人民的武装力量。贺龙等在湘鄂边，最初的队伍人员非常复杂，既有原属国民党的二十军、国民党在当

地的驻军、当地的大小军阀及土著头领等，还有红军战士和人民群众，如何统一思想是关键问题。贺龙在湘鄂西红四军创建过程中，十分注重对军队进行阶级教育和思想改造。

2. 关于军队建设问题

早在秋收起义时，毛泽东就公开打出了"工农革命军"的旗帜。1927年9月，毛泽东在江西永新县三湾村对军队进行了改编，确立了党对军队的绝对领导，提出"党指挥枪""支部建在连上""官兵平等"等军事思想和治军方略。10月，部队到达井冈山区荆竹山雷打石，提出"一切行动听指挥、不拿群众一针一线、打了土豪要归公"的三大纪律。在战略战术上，总结出游击战的斗争经验。

上文提到贺龙等建立的湘鄂西红四军，也是经过了整编、重组，才成为一支具有强劲战斗力的革命队伍。

3. 关于土地革命问题

制定了土地革命的纲领和路线。毛泽东等在井冈山革命根据地颁布并实行了《井冈山土地法》。1929年4月，毛泽东率部到达江西省兴国县，制定和颁布《兴国土地法》，将井冈山时期的"没收一切土地"政策改为"没收公共土地及地主阶级土地"，实行"依靠农民，打土豪、分田地"的土地革命纲领。

案例中，湘鄂边革命根据地也积极开展了土地革命，通过建立农民协会和农民武装，发动广大农民群众参与到革命斗争中。但由于敌我力量、地理环境等因素的限制，湘鄂边地区的土地革命仅在部分地区展开，涉及地域及人员范围比较有限。

4. 湘鄂边革命根据地的特殊经验

案例中提到，"贺龙以他的威望吸收旧部，作为湘鄂边地区革命斗争发展的一个前提，组建红军，开辟根据地，这是一个特殊现象。"这是湘鄂边革命根据地及湘鄂西红四军得以创建的一个重要原因。此种建立根据地及建军模式，虽然具有一定的特殊性，即该地区是否存在类似贺龙那样的领袖人物，但实际并非个案，且有其推广的可能性。例如，中国共产党早期在全国各地开展革命斗争的方式之一，就是委派党员及骨干返回原籍开展工作，收效显著。此外，在井冈山地区的革命斗争中，毛泽东、朱德等虽然不是当地人，但通过对当地情况的不断了解和熟悉，在当地实行了大量有利于人民的措施，赢得了井冈山人民的尊重和爱戴，树立了其在当地的威望，推动了井冈山地区革命斗争的进一步发展。

[教学建议]

本案例适用于《中国近现代史纲要》（2021年版）教材中第五章第一节"中国共产党对革命新道路的探索"部分的辅助教学。

案例3："我不单是师长，也是一名战士"

[教学目标]

1.通过对段德昌英雄事迹的了解，引导学生深刻体会共产党人和红军战士在长征中表现出来的英雄气概，进而弘扬长征精神，坚定共产主义理想和信念。

2.通过对段德昌治军事迹的了解，掌握大革命失败后，中国共产党人在关于党的建设、军队建设以及土地革命等问题上的探索与实践，特别是新型人民军队的建设以及红军长征中所表现出的优势与特点。

[案例呈现]

段德昌（1904—1933），字裕后，号魂，湖南南洲（今南县）人，湘鄂西革命根据地和红军的主要创建者之一。1922年进入湖南长沙雅各中学读书，参与组织马克思主义学习小组。1925年6月加入中国共产主义青年团，同年转为中国共产党党员。同年秋，考入黄埔军校第四期。在校期间，由于与国民党右派进行斗争，被蒋介石开除学籍。1926年参加北伐战争。1927年大革命失败后，回到家乡开展革命活动。同年秋参加领导了南县、华容、石首等地的农民起义。历任鄂西游击总队参谋长，独立第一师师长，中国工农红军第六军参谋长兼第一纵队司令、第一军长、政治委员，中共湘鄂西省委委员和军委分主席、委员等职。曾与第二、第三次"左"倾错误路线进行坚决的斗争。1933年5月在"肃反"中遭诬陷被害，牺牲于湖北巴东金果坪江家村，年仅29岁，后被移葬于鹤峰满山红烈士陵园。

1945年，中共七大追认段德昌为烈士。1952年，党和政府为其恢复名誉、平反昭雪，毛泽东主席亲自为其家属签发中央人民政府第一号《革命牺牲军人家属光荣纪念证》，段德昌被称为共和国"第一号烈士"。段德昌的一生虽然短暂，但他在全国人民，特别是在湘鄂西人民的心中，留下了不可磨灭的光辉形象。他的故事平凡生动、曲折感人，他战斗的一生，为青年一代树立了光辉榜样。①

一、我也是战士②

1931年秋至1932年夏，段德昌率领红九师参加了湘鄂西革命根据地的第三、第四次反"围剿"作战。1932年7月中旬，敌人集中十万兵力，向洪湖根据地大举进犯，发动第四次"围剿"。由于夏曦推行王明"左"倾错误路线，采取消极防御，导致反"围剿"斗争失利，洪湖根据地全部丧失。特委做出指示：红军全部撤出苏区，转移到鹤峰一带。

段德昌师长率领战士们，被迫从刘家场撤出战斗，向湘鄂边转移。眼见着红军要撤退，国民党团防又卷土重来。为了掩护伤病员、卫生队先撤离，以及大部队安全转移，段师长决定留下一个排在刘家场的前沿阵地担任掩护任务。掩护任务是十分艰巨的，指挥员们却都争着抢着要这个任务，段师长一时沉默不语。

这时，外号"大个张"的三连连长，挤出人群主动要求承担这个任务。大个张是有名的英雄连长，派他承担掩护任务，是可以放心的。但大个张的老婆正挺着大肚子，要随卫生队一起转移。段德昌想到这里，沉着地说："同志们，三连一排留下担任掩护，其他同志迅速归队转移。"段德昌拍拍大个张的肩膀说："伙计，快执行命令吧！"

大个张以为师长是准了他的任务，高兴得大嘴一咧，啪的一个立正，

---

① 鹤峰土家族自治县文化馆《容美》编辑室编：《满山红——鹤峰革命历史斗争故事、歌谣集》，1983年，第98页。

② 根据王月圣搜集整理的故事《我也是战士》编写，参见鹤峰土家族自治县文化馆《容美》编辑室编：《满山红——鹤峰革命历史斗争故事、歌谣集》，1983年，第99-100页。

向前沿跑去。只见段德昌一个箭步拉住他，说："向后转，你的任务是带领二排、三排掩护卫生队转移！"大个张这下傻眼了，摸着脑袋搞不清楚原因。

段德昌坚毅地说："掩护任务是我的，三排排长我来当！""向后转，跑步走！"大个张无可奈何地转过身，但没有动，用哀求的口吻说道："师长，淑云大姐也在转移哪，你还是……"

"少说几句吧，同志！我不单是师长，也是一名战士哪！"

段德昌同志抽出驳壳枪，大踏步走向三排队列。掩护的机关枪响了！大个张含着热泪，向转移队伍跑去！

二、铁的纪律①

第四次反"围剿"失利后，段德昌带领队伍转移到鹤峰麻水。鹤峰一带都吃苞谷饭、合渣苕米，而红九师的指战员，大都是洪湖一带的人。吃不惯这些，既拉肚子又作气。很多战士都开始思念家乡，想要回到洪湖去。段师长住在红鱼坪，吃住都和战士们在一起。他几次召开排以上干部会议，指出要战士们安心扎根当地，他说："我们是红军，不光建立洪湖苏区，还要走遍全中国，在全国各个角落都要扎得下根。眼光要远大，心胸要开阔。"

他举例讲明这个道理：贺龙同志家在桑植，却在洪湖、鹤峰一驻就是几年，与老百姓同甘共苦，和红军战士共安危。我自己的家乡在南县，却不能住在南县开展工作。他说："麻水乡亲们吃啥，我们就吃啥，要不然，兵是兵，民是民，算什么一家人！"

正说着，通讯员进来报告：七连有个战士，把给伤病员分配的一斤大米抢走煮饭吃了，还打伤了卫生员。

段师长一听，火冒三丈，立刻走进护理室，看望受伤的卫生员，并命令将那个抢米的战士抓起来。

---

① 根据王月圣搜集整理的故事《铁的纪律》编写，参见鹤峰土家族自治县文化馆《容美》编辑室编：《满山红——鹤峰革命历史斗争故事、歌谣集》，1983年，第100–101页。

段师长召开全师大会，在会上，他激愤地说："我们是红军，就要有铁的纪律，没有纪律的队伍是战胜不了任何敌人的。我们不是国民党，不是抢犯强盗！"他严厉地处罚了那个违犯纪律的战士。此后，九师指战员克服困难，团结一致，与麻水乡亲们建立了鱼水之情。

三、赔地板[1]

壬申年（1932）的腊月天特别冷，寒风呼啸，鹅毛大雪下个不停。

警卫排烧起火来烤，一不小心烧了房东的地板。这件事很快被报告给了段德昌师长，段师长十分重视，亲自登门给房东道歉，还严肃地批评了那个不小心的战士。房东大爷却呵呵大笑地说："国民党反动派来麻水，烧房子，杀百姓，无恶不作。红军来麻水，秋毫无犯，军纪严明。天寒地冻烤火烧了地板，一点小事也值得师长发脾气？"段师长和颜悦色地对房东大爷解释道："大爷，红军和国民党反动派决然不同。我们有铁的纪律。打仗闹革命，就是要让老百姓过上好日子。别看烧地板是件小事，这说明我们当干部的工作做得还不够哇！"说罢，不管大爷怎么推辞，段师长还是掏出银洋向房东赔了地板钱。

四、以大局为重[2]

1933年4月，段德昌师长突然接到分局紧急通知，要他去邬阳关参加军事会议。此前，由于反对王明的"左"倾路线，段师长曾在中央分局的几次会议上，与分局中央代表有着根本性的意见分歧。他知道，此去必定凶多吉少。同志们都劝他不要去邬阳关。但他想到自己是一师之长，又是共产党员，要以党的利益为重，于是说服了其他同志，带领警卫排出发了。

马队刚到邬阳，段德昌就发现气氛不同一般，只见刀枪林立，戒备

---

① 根据王月圣搜集整理的故事《赔地板》编写，参见鹤峰土家族自治县文化馆《容美》编辑室编：《满山红——鹤峰革命历史斗争故事、歌谣集》，1983年，第102-103页。

② 根据王月圣搜集整理的故事《以大局为重》编写，参见鹤峰土家族自治县文化馆《容美》编辑室编：《满山红——鹤峰革命历史斗争故事、歌谣集》，1983年，第104-105页。

森严。一到桑树坪，段德昌的警卫排就被包围起来，战士们立马掏枪准备反击，段师长大声喝道："不准动手！"他环顾四周，轻声说道："同志们，我们要以大局为重，放下武器吧！"

由于王明"左"倾错误路线导致段德昌的牺牲，也给湘鄂西革命根据地带来巨大损失。

[思考讨论]

1. 从段德昌身上，我们能够看到共产党人身上所具有的哪些优良的品质和作风？

2. 通过对红军长征中与人民群众关系的了解，谈谈党的群众路线是如何形成和发展的？党的群众路线的具体内容是什么？

[案例分析]

段德昌是中国共产党早期革命领导人之一，他的一生虽然短暂，却为中国共产党和新中国的革命事业做出了巨大贡献。他是湘鄂西革命根据地主要创始人之一，也是身经百战的常胜将军；他是毛泽东同志的知己好友，也是彭德怀元帅的入党介绍人；他是中华人民共和国历史上的36位军事家之一，也是共和国"第一号烈士"；他被评选为"100位为新中国成立做出突出贡献的英雄模范人物"之一。这样一位传奇式的英雄人物，其革命事迹在湘鄂西地区被广为传颂，其伟大品格被当地人民所深刻铭记，但未能在全国范围内被广泛熟知。因此，将其生平故事作为高校《中国近现代史纲要》课教学案例之一，既有助于学生了解和掌握中国共产党党史及军事史，特别是红军时期的历史，又有助于增强学生对革命先烈及其伟大事迹的认识，引导学生学习革命先烈的奉献精神和爱国主义。

案例中选取的五个故事都是在湘鄂西地区被人民群众广泛传颂，经老百姓口耳相传，经历史文化工作者整理并保留下来的。前三则故事反映了段德昌创建和发展红军的一段历史，充分体现了段德昌将军爱护百姓、爱护士兵、严格治军的带兵风格。后两则故事则反映了段德昌与党内"左"倾错误进行坚决斗争，却被杀害的历史事件。

一、屡立战功的军事奇才

段德昌1925年加入中国共产党，同年入黄埔军校第四期学习；1926年，段德昌转入毛泽东主办的中央政治讲习班学习，结业后参加了北伐战争；1927年，段德昌随贺龙参加南昌起义，后转战鄂西开展革命斗争，取得公安县年关暴动等武装斗争的胜利；1929年至1931年间，段德昌在洪湖地区组建鄂西游击大队，相继粉碎了国民党蒋介石军队对洪湖苏区发动的三次"围剿"。段德昌善于带兵，善打胜仗，在实践中总结军事思想及成功经验。

1."官兵平等"军事思想的践行者

1927年9月，毛泽东在三湾改编时首次提出"官兵平等"的思想，目的是在军队中实行民主主义，改变旧式军队中军官动辄打骂士兵、欺压士兵的军阀作风。在军队中成立士兵委员会，士兵委员会具有很高的权力，能够监督军官，对犯了错误的军官进行批评甚至制裁。在"官兵平等"的思想及要求下，官兵完全一致，吃一样的饭菜，穿一样的衣服，很快使官兵的关系密切起来，也充分调动了士兵们的作战积极性。[1]

段德昌就是一位"官兵平等"思想的积极倡导者和践行者。案例中第一个故事《我也是战士》就是讲述了段德昌师长不顾个人安危，冲锋在前，爱护战士的英雄事迹。

2."三大纪律八项注意"的忠实执行者

1927年10月，毛泽东在雷打石宣布了红军的"三大纪律"，即"第一，行动听指挥；第二，不拿老百姓一个红薯；第三，打土豪要归公"。1928年1月25日，根据群众反映的问题，毛泽东又提出了"六项注意"，即"上门板；捆铺草；说话和气；买卖公平；借东西要还；损坏东西要赔"。

---

[1]　丁仁祥：《三湾改编与井冈山精神源流之探讨》，《井冈山大学学报（社会科学版）》2018年第2期，第17页。

1929年1月，"六项注意"中又增加了"洗澡要避女人、不搜俘虏的腰包"两项，形成了最早的"三大纪律八项注意"。又将"三大纪律"做了进一步完善，将"行动听指挥"改为"一切行动听指挥"，将"不拿老百姓一个红薯"改为"不拿群众一针一线"，将"打土豪要归公"改为"一切缴获要归公"。[①]

毛泽东在井冈山根据地的经验随即被其他革命根据地所借鉴，"三大纪律八项注意"也成为中国工农红军的行动准则。案例中的故事《铁的纪律》和《赔门板》正是生动地描述了段德昌在湘鄂西苏区坚决执行"三大纪律八项注意"的情形。段德昌之所以成为"常胜将军"，与其对军队的严格管理，时刻用铁的纪律要求官兵，对老百姓秋毫无犯，是分不开的。

3. 另一版本"16字游击战术要诀"的发明者

湘鄂西地区流传着一句民谚"有贺不倒，无段不胜"，说的是贺龙将军是红军在湘鄂西地区的一面旗帜，贺龙在，湘鄂西地区的革命事业就在，而段德昌则是老百姓眼中的"常胜将军"，他具有卓越的军事才华，尤其擅长打游击战。

段德昌和周逸群等通过斗争实践，共同总结出"敌来我飞，敌去我归；人多则跑，人少则搞"的游击战术，与毛泽东、朱德在井冈山提出的"敌进我退，敌驻我扰，敌疲我打，敌退我追"的游击战术十分相似。[②]游击战争在中国共产党所领导的人民战争中发挥了巨大作用。

二、与"左"倾错误的斗争

大革命失败后，中国共产党党内虽然纠正了陈独秀右倾机会主义的错误，却又产生了"左"的错误，而且"左"倾错误三次在党中央的领导机关取得统治地位，给中国革命带来了巨大挫折和严重损失。邓小平同志曾经说过："'左'带有革命的色彩，好像越'左'越革命。'左'的东西在我们党的历史上可怕呀！一个好好的东西，一下子被他搞掉了。""中国要

---

① 佚名：《"三大纪律八项注意"形成小史》，《新湘评论》2017年第1期，第43页。
② 邱少平：《一代帅才段德昌》，《党史纵横》2013年第9期，第41页。

警惕右，但主要是防止'左'。"①

1. 第一次"左"倾错误及其危害

第一次是1927年11月至1928年4月，以瞿秋白为代表的"左"倾盲动主义错误，他们否认大革命失败后革命形势的暂时低落，认为革命形势仍在不断高涨，不顾国民党制造的"白色恐怖"和高压政策，却盲目要求发动城市工人和农民"创造总暴动的局面"。在此期间，中国共产党在武汉、长沙、上海等大城市连续领导工人罢工，很快都被镇压下来，使大革命失败后保留下来的革命力量遭到了进一步的损失。至1928年4月，瞿秋白在党的会议上做出自我批评，第一次"左"倾错误在全国范围内的革命工作中基本结束。其时，段德昌在湖北公安成功组织和领导了年关暴动，初创洪湖革命根据地。公安县年关暴动之所以取得胜利，是由于段德昌从1927年就开始深入鄂西农村，开展农民运动。

2. 与第二次"左"倾错误的斗争

第二次是1930年6月至9月，以李立三为代表的"左"倾冒险主义错误，在党的历史上被称为"立三路线"。"立三路线"是在1929年共产国际反右倾斗争的背景下产生的。他们错误地认为中国革命乃至世界革命已经进入高潮，盲目要求以武汉为中心举行全国暴动，并集中全国红军的力量攻打武汉等中心城市，结果均以失败告终，给红军力量和革命事业带来严重损失。李立三很快认识到错误的严重性，在1930年9月党的六届三中全会上做出自我批评，离开中央领导岗位，第二次"左"倾错误在党内宣告结束。这一阶段，在中央"左"倾错误的指示下，贺龙、段德昌所领导的红二军团被要求南下，配合红一、三军团攻打长沙。1930年7月，段德昌提出了"巩固新苏区、停止南征"的主张，被中央否决。9月，攻打长沙失败，红二军团遭到严重损失，不仅丢了新苏区，连洪湖根据地也几乎完全丧失。段德昌与贺龙等坚决与"左"倾错误做斗争，回师洪湖，收

---

① 邓小平：《邓小平文选（第三卷）》，北京：人民出版社，2001年，第375页。

编失散的部队，组成新红六军，部队迅速发展到2000余人，洪湖苏区被恢复。

3. 第三次"左"倾错误中被害

第三次是1931年1月至1935年1月，以王明为代表的"左"倾教条主义错误。其错误的具体表现为，在革命道路问题上，继续坚持"城市中心论"，将党的主要任务制定为组织城市工人大罢工和进行武装起义；在土地革命问题上，坚决打击富农，实行"地主不分田，富农分坏田"的政策，放弃对中间势力的团结；在军事斗争问题上，指令根据地的红军改"积极防御"为"积极进攻"，还要配合攻打大城市，实际就是"进攻中的冒险主义、防御中的保守主义、退却中的逃跑主义"；在党内斗争和组织问题上，推行宗派主义和"残酷斗争，无情打击"。

王明的"左"倾教条主义错误是三次"左"倾错误中持续时间最长、造成损失最严重、对革命事业危害最大的一次。段德昌就是这次"左"倾错误的受害者，一代名将就此陨落。1945年，党的七大会议上，正式为段德昌恢复了名誉。

4. 党内屡次出现"左"倾错误的原因

针对王明等的"左"倾错误，毛泽东、刘少奇等都进行过坚决的抵制，段德昌等在地方也与其进行了斗争。错误的最大恶果就是第五次反"围剿"的失败，使得红军不得不战略转移，开始了艰苦卓绝的二万五千里长征。红军和根据地损失了90%，国统区党的力量几乎损失了100%。那么，党内屡次出现"左"倾错误的主要原因是什么？其一，是共产国际对中国共产党内部事务的错误干预和瞎指挥。其二，是全党马克思主义理论准备不足又缺乏实践经验，没有将马列主义和中国革命的具体实践结合起来。

[教学建议]

本案例适用于《中国近现代史纲要》（2021年版）教材中第五章第二节"中国革命在曲折中前进"部分的辅助教学。

第六章

中华民族的抗日战争

案例 1：烽火狼烟下的恩施人

[教学目标]

1. 通过抗日战争中牟伦扬、秦国镛父子、朱峙三夫妇等人的经历，使学生认清日本发动的侵华战争给中华民族造成的深重灾难以及给中国人民带来的巨大苦难，明确是日本发动的侵略战争进一步导致了近代中国的贫穷和落后，致使中国社会在政治、经济、文化、科技、教育等方面的缓慢甚至停滞发展。

2. 了解恩施地区在抗战时期的历史，掌握恩施人民对抗日战争所做出的巨大历史贡献，掌握中国社会各界在反抗日本帝国主义的侵略战争中所做出的努力以及中国人民坚持抗战到底的决心；认识国共合作抗日民族统一战线的重要意义，了解国民党及正面战场在抗战中的作用。

[案例呈现]

1937年七七事变，抗日战争全面爆发，在中国共产党的倡导与推动下，湖北地区的抗日救亡运动日益高涨，国民党湖北地方军政当局开始停止反共内战的军事行动，逐渐形成以国共合作为基础的抗日民族统一战线。为了支持和推动国民党抗战，中共中央派出大批干部抵达武汉，成立中共中央长江局、八路军武汉办事处等领导机构，开展抗日工作。1937年12月日军占领南京，国民党中央及其政府大部分机关撤至武汉。武汉成为全国抗战的中心。[①]

1938年6月至10月，国民党组织武汉会战失利，武汉及周边20余座县城相继失守，国民党军全线溃败，湖北的大部分农村地区沦为敌人的后方，中国共产党在湖北开展敌后抗日游击战争。国民党军队将战线西移，与日军进行了随枣会战、枣宜会战、反攻宜昌战役及鄂西会战。地处鄂西南的恩施，在抗日战争时期成为湖北省政府的临时省会，也是正面战场第六战区的指挥中心。由40余所学校所组建的湖北联中，亦迁往恩施。

恩施作为湖北省临时省会期间，日寇对恩施、来凤县城多次进行空袭和轰炸。1937年12月25日，日寇飞机第一次袭击恩施城。直至1945年8月抗战胜利，日寇总共27次轰炸恩施县城，出动飞机228架，投弹600余枚，炸死153人。恩施人民为抗战做出了巨大的牺牲与贡献。[②]

一、土家族抗战诗人——牟伦扬

牟伦扬（1919—1943），笔名顾宁、司马军城等，湖北利川汪营人，土家族，著名的战地记者、抗日诗人。牟伦扬自小便胸怀大志，因热爱诗词，常以诗明志，曾将"居身不使百尘染，立志直与青云齐"等诗句题写在床头壁上，以此自勉。

牟伦扬6岁进入私塾，8岁在清源小学，15岁考入湖北省立第十三中学，毕业后成为恩施县屯堡小学的一名教员。后又考入武汉群化中学高中部学习，在校期间接受了很多进步思想。1936年的西安事变，使他逐渐了解到中国共产党的主张，1937年七七事变后，他更是看到了中国共产党人对抗战的决心，使他对党充满了向往。10月，便毅然奔赴延安，踏上革命之路，并放言"革命不成，誓不还家"。

1938年1月，经党组织安排，牟伦扬进入陕北安吴堡战时青年训练班学习，2月又转入陕北公学十一队。在陕北公学，他不仅系统地学习了马

---

① 刘宗武：《湖北新民主革命史·抗日战争时期卷》，武汉：华中师范大学出版社，2008年，第1页。
② 觅施南网，抗日战争时期的恩施：https://www.mishinan.cn/esgk/658.html.

列主义基本理论，还聆听了毛泽东、刘少奇、周恩来、张闻天、李富春等中央领导同志的报告，思想觉悟和理论水平都有了很大提高。在听取了周恩来关于抗战形势和刘少奇对华北工作和敌后抗战形势的报告后，牟伦扬立刻向党组织申请，要求到华北抗日前线去。获得批准后，他将自己的名字改为顾宁，意为"盼望祖国早日获得安宁"。此后，他常以"顾宁"为笔名，撰写革命诗歌。5月，牟伦扬到达晋察冀抗日根据地五台山区，成为《抗敌报》（后改名为《晋察冀日报》）的编辑、记者，并于11月被批准加入中国共产党。在《晋察冀日报》工作四年，牟伦扬以司马军城、东方红、塞红、华晋、雪金、耐茵、韦塞等笔名，发表了大量的社论、街头诗、墙头小说、报告文学、通讯和杂文等文艺作品。他的作品通俗易懂，充满着战斗性，极大地鼓舞了根据地军民的抗战热情，在晋察冀边区产生了广泛的社会影响。1942年秋，华北抗战进入艰苦阶段，中共中央北方局安排了一批干部前往冀东支援，牟伦扬便在其中。到达冀东后，牟伦扬担任《救国报》主编，常在枪林弹雨中采访。1943年4月7日，报社在丰润白官屯被日军包围，牟伦扬在指挥突围时不幸中弹，为中华民族的抗日战争献出了自己年轻而宝贵的生命。

牟伦扬在24岁的短暂人生中，创作了大量反映敌后抗日的爱国诗歌，他是一位战地记者，也是一位抗日诗人，邓拓评价他的诗："是同天地一样长久的，这样的诗是永生的。这样的诗人才是真正的诗人。这样的诗人才是永生的。"[1]

二、中国航空第一人——秦国镛

秦国镛（1876—1940），又名秦秀镛，字子壮，湖北咸丰县丁寨人，土家族，中国空军的创始人之一。秦国镛出身官宦，自幼勤奋好学。25岁留学法国，就读于巴黎陆军大学并服役7年，又赴比利时学习了2年的航空机械技术。海外留学期间，不仅学习了军事技术和航空驾驶及维修技

---

[1] 恩施州政协编：《恩施名人》，北京：中国文史出版社，2007年，第337页。

能，而且还熟练掌握了法语、英语、日语等多种语言。学成回国后担任陆军部首席参事，其间深感中国要与西方抗衡，必须建立自己的空军。宣统二年（1910），清政府在北京南苑修建了中国第一个机场，并尝试制造飞机。1911年4月6日上午10时，秦国镛驾驶清政府向法国购买的"高德隆"式双翼机试飞成功，此时距莱特兄弟制造世界上第一架飞机已有8年时间，这是中国人首次在自己的领空飞行成功。1912年，秦国镛通过法国驻京使馆武官白里索，将自己亲手制作的一架飞机模型呈送给袁世凯，请求准许购置飞机、开办航空学校、训练飞行人员、修建机场，建设中国空军，提议获得袁世凯批准。第二年，便建成了亚洲第一所航空学校——北京南苑航空学校，秦国镛任校长，随后他在航校的基础上，建成了中国第一个航空基地。秦国镛担任航校校长期间，为中国培养了83名航空人才，为中国的航空事业奠定了基础。此后，秦国镛驾驶飞机成功飞越秦岭，又开中国空军远航之先河。

九一八事变后，日本扶持溥仪成立伪满洲国，摄政王载沣劝秦国镛出任伪满航空要职，遭到秦国镛的严词拒绝："身为炎黄子孙，绝不做此卖国勾当。"[1] 七七事变后，日军侵占北京，秦国镛愤懑不已，积怨成疾，于1940年在北平病逝，时年64岁。

秦国镛育有二子，长子秦家椿，曾留学法国，后在沈阳航空学校任教。抗战时期，因秦国镛拒绝出任伪政权的职务，家中日益窘困，长子因劳病故。次子秦家柱（1912—1937），子承父业，成为一名优秀的飞行员。1937年，参加了"八一三"淞沪会战的对日空战，成为抗战中第一个击落日本飞机的飞行员。但在奉命袭击驻沪日本海军舰队时，秦家柱所驾驶的飞机由于超低空飞行，不幸被一架日机击中，见自己的飞机损毁严重，秦家柱便决心用残机去撞击日本军舰"出云"号，与其同归于尽，但被日军高射炮击中，飞机坠入黄浦江中，秦家柱壮烈殉国，时年26岁。秦家柱

---

① 恩施州政协编：《恩施名人》，北京：中国文史出版社，2007年，第105页。

牺牲时，父亲秦国镛在北京寓所，听闻噩耗，病情加重，3年后去世。

秦氏父子为中国的航空事业做出了巨大的贡献，为中国的抗战事业付出了生命，他们是恩施人民的骄傲。

三、为恩施人守住书桌的教育家——朱峙三

朱峙三（1886—1967），原名鼎元，又名继昌，字峙山，湖北鄂城城关人，著名教育家，"鄂城三杰"之一。其妻刘梦闲，也是一位教育工作者。抗日战争期间，夫妻二人在恩施坚持教学，培育人才。

1906年，朱峙三考入两湖总师范学堂，在校期间就宣传反清思想。武昌起义爆发后，担任《中华民国公报》的编辑。1928年任蒲圻县长，主张废除陈规陋习。1933年任黄冈县县长，由于擅自免除农民钱粮，被撤职。此后，弃政从教，先后任教于大冶中学、武汉晴川中学、湖北省立第一师范、湖北教育学院等。1938年10月，朱峙三夫妇随湖北省政府西迁。1940年，朱峙三任省政府视察，1942年5月改任省府参议员。同年9月28日，被聘为湖北省立教育学院国文教授，兼职3年后，于1945年1月9日离职随省府集体返汉。[①] 抗战胜利后，辞掉了省参议的职务。

由于日寇的侵略，朱先生一直心情不佳，来到恩施，因为不太适应当地气候，风湿、咳疾时常发作。但既然承接了湖北省立教育学院陈友松院长的聘请，朱先生便十分认真对待。他以两湖总师范学堂及日本法政大学学历，讲授国文、应用文。他认真备课，准备各类资料近一周时间。他的课排在上午10点或下午2点，都是两节连上，每节50分钟，课间休息10分钟。这对年已56岁的人来说，实在是很吃力的。更辛苦的却是从家到学校的一段路程，每次上课都需要往返步行1小时40分钟，由于是土路，如果遇上下雨泥泞，至少要走2个钟头。路上还要留心空袭警报，实属不易。

但只要是面对学生，朱先生就会神采飞扬，他嗓音洪亮，所上《词

---

① 胡香生：《朱峙三夫妇在恩施》，《党史天地》2006年11期，第44页。

选》课颇受学生喜爱。若因空袭、疏散耽误课程进度，他便担忧学生食宿、出行不便等，有时连上3次课，虽声嘶气促，却不以为意。他对学生们千百里步行到此地求学多存怜悯之心，因此十分反对校方总让学生停课参加迎送权贵的礼仪。1943年当局逮捕左派学生，陈诚与陈友松院长翻脸，朱先生则十分体谅陈友松，并参加了与陈院长话别的聚会。朱先生多次主动参加病故学生的追悼会及学生奔赴抗日前线、考军校、应征远征军等的欢送仪式。①

朱峙三夫妇不辞辛苦，呕心沥血，在艰难岁月中为恩施学子们守住一方书桌，传承文脉，此番精神始终会为恩施人民所感佩。

［思考讨论］

1. 在国家民族遭遇重大灾难之际，作为中华民族的一分子应当做出哪些努力和贡献？

2. 作为当代大学生，我们能够从牟伦扬、秦国镛父子、朱峙三夫妇等的人生经历中学习到哪些优秀的品质？

［案例分析］

发生在20世纪上半叶的日本侵华战争是中华民族历史上最为沉重，也最为悲壮的一段历史。中国有一句古话叫"多难兴邦"，意思是国家虽然多灾多难，但苦难可以激发人民的斗志，共同努力、战胜困难，中华民族的抗日战争就是对此最好的诠释。当代大学生，由于出生和成长的环境大都比较优渥，对于国家和民族灾难的认识基本来源于书本和网络，缺乏切身体会，往往一知半解、人云亦云。因此，更需要教师通过翔实的史料、真实的案例带领学生了解和掌握这段历史，引导学生从中得出正确的认识，并激发学生的爱国之情和报国之志。

本案例是牟伦扬、秦国镛、朱峙三等在抗战时期的事迹，他们是记

---

① 胡香生：《朱峙三夫妇在恩施》，《党史天地》2006年11期，第45页。

者、军人、教育家，虽然职业不同，但他们都是中国人，都是在日寇铁蹄下不屈的中国人，是抗战时期社会各界反抗日本侵略者的杰出代表。通过案例，可以看到日本侵华战争对中国民众的影响以及中国人民坚持抗战直至胜利的决心。

一、如何认识日本的侵略战争？

关于"中华民族的抗日战争"，我们先来回顾一下日本的侵略历史。

1. 日本的"大陆政策"蓄谋已久

日本在侵略的道路上有一个著名的"大陆政策"。何为"大陆政策"？即作为岛国的日本，妄图通过武力，吞并中国和朝鲜等周边大陆国家，并梦想称霸亚洲、征服世界的侵略总方针。那么，这个"大陆政策"是如何产生的呢？我们先来看一下它的起源。

日本早在丰臣秀吉时代，就制定了亚洲大帝国的侵略方针。1590年，丰臣秀吉统一了日本。1592年、1597年两次侵略朝鲜，史称"壬辰之乱""丁酉再乱"，直到1598年丰臣秀吉病逝，日本撤兵。

明治维新时代，日本出现了两位非常有影响力的思想家——吉田松阴、福泽谕吉。前者是伊藤博文等人的老师，主张尊王攘夷、侵略朝鲜、"脱亚入欧"，被誉为日本近代化的精神领袖。后者是著名的"海外雄飞论"的提出者。1868年明治维新之后，日本走上了军国主义发展道路。其原因，一是受到地理环境的影响，日本一直"不甘处岛国之境"，想要对外扩展；二是受到历史传统的制约，日本长达670年的幕府统治本质上是武士政权，推翻幕府的也是中下层武士，所以，它始终建立的是一个军人专政的政府。

1874年，日本侵占了琉球。1895年，日本利用朝鲜内乱、甲午战争中的胜利以及《马关条约》，既强迫清政府承认了朝鲜的独立，又侵占了我国台湾地区。

1904—1905年，为了争夺我国东北，爆发日俄战争，日本战胜，成为亚洲军事强国。日本对俄国的胜利使得欧美国家对日本刮目相看，并同日本达成利益同盟，也就是日本默认菲律宾是美国的殖民地、印度归属英国，以此换取美英承认朝鲜是日本殖民地。至此，日本开始了对朝鲜的殖民统治。

1904—1908年，"一战"令欧洲的生产锐减，日本出口激增；欧洲列强瓜分世界的战争之际，日本乘机对亚洲大举进攻，获得在中国山东的特权。

1910年，通过"日韩合邦"吞并了朝鲜，日本正式成为世界强国。朝鲜亡国，朝鲜半岛成为日本领土的一部分，直至1945年8月日本投降。

1923年9月1日，日本东京发生特大地震，死亡失踪人数达14万之多。为转嫁国内矛盾，对外残杀6000名朝鲜人，对内屠杀社会主义人士和反政府分子。至此，日本走上了法西斯主义道路。

以上是关于日本"大陆政策"的起源和发展。那么，日本是如何将它的"大陆政策"在中国具体实施的，也就是日本发动侵华战争的直接促成因素有哪些？

首先，1927年时任日本内阁首相兼外相的田中义一主持召开"东方会议"，东方会议后田中义一向天皇密奏："按明治大帝遗策，第一期征服台湾，第二期征服朝鲜等，皆已实现。唯第三期之灭亡满蒙，以便征服中国领土尚未实现。"他提出的《对华政策纲领》，也就是"大陆政策"的具体实施步骤：先促使"满蒙"从中国本土独立出来，不惜使用武力，然后吞并满洲和蒙古，以"满蒙"为跳板侵略整个中国，进而征服世界。此一纲领成为日本的国策，而这一国策使日本成为亚洲战争策源地。这就是历史上著名的"田中密折"。从中可以看出，侵略中国是日本的既定战略，日本侵占中国的野心被彻底暴露。

其次，1929—1933年爆发了世界性的经济危机，日本深受影响。在经济危机冲击下，日本资本主义发展陷入困境，国内经济低迷、社会矛盾激化，急需通过海外战争缓解国内的社会冲突。而此时，欧洲各国忙于应付国内危机，无暇东顾，对日本的侵略推行"绥靖政策"。

此外，由于中国国内正处于国共对峙局面，国民党蒋介石却实行"攘外必先安内"政策，积极对中国工农红军进行"围剿"，给日本侵华提供了可乘之机。

2. 日军侵华的历史过程

按照"大陆政策"，日本首先要侵占"满蒙"。日本通过扶植奉系军阀张作霖，想要实现"满蒙独立"。然而，奉系被北伐军打败；同时由于张作霖没能满足日本在"满蒙"对铁路、矿山、办厂、租界、移民等的特权要求，1928年，日本制造皇姑屯事件，炸死了张作霖。其子张学良选择"改旗易帜"，中国形式上达成统一，南京政府要求日本从东北撤兵，成为九一八事变的直接导火索。

1931年9月18日夜，在号称日本"陆军之花"的关东军高级参谋板垣征四郎的策划下，日军制造"柳条湖事件"，以此为借口进攻东北军驻地北大营，攻占沈阳等地。这就是九一八事变。九一八事变是日本局部侵华的开始。板垣征四郎在1948年被远东国际军事法庭判定为甲级战犯，处以绞刑。

九一八事变后，在蒋介石"攘外必先安内"方针下，19万东北军没有抵抗，将东北四省（黑龙江、吉林、辽宁、热河）拱手相让。不到一个星期，日军就占领了辽宁、吉林两省的30余座城市，控制了12条铁路交通线。日军随即南下与北进，仅4个月零10天，就占领了山海关至黑龙江之间3倍于日本本土（约36万平方公里）的中国领土，东北110万平方公里的富饶山河沦为日本的殖民地，3000万同胞惨遭日军蹂躏，也使全中国陷入了和日军的持久战中。

占领中国东北后，1935年，日本又在中国华北制造一系列事端，向中国政府提出华北政权"特殊化"的要求。何为特殊化？就是采用"华北分离"政策，通过收买小部分汉奸，制造华北分裂、进而各省独立的局面。这一切的幕后黑手就是日本陆军大将土肥原贤二，也是一位甲级战犯，他建立伪满洲国并策划"华北自治"，1948年被处决。

日本在入侵华北地区的同时，开始着手发动全面侵华战争。1937年7月7日夜，日军在北平西南卢沟桥附近演习，借口一名士兵"失踪"，要求进入宛平县城搜查，遭到中国守军第29军严词拒绝。日军遂向中国守军开枪射击，又炮轰宛平城。中国官兵奋起抵抗。这就是卢沟桥事变，标志着日本全面侵华战争的开始。

日本的战略是"速战速决"，向华北、华东、华中地区发起进攻，相继占领了北平、天津、太原、上海、南京、广州、武汉等大城市。由于中国军民的顽强抵抗，日军在1938年10月占领广州、武汉以后，被迫停止对正面战场的进攻，开始调整侵华政策，制定"以华制华""以战养战"策略。

3. 侵华日军的严重罪行

日军的殖民暴行可分为军事、政治、经济、文化四个部分。

首先是日军的军事暴行。暴行之一是日军不断扩大侵华战争。战火遍及近半个中国，给中国造成巨大的人员伤亡和财产损失。暴行之二是制造惨绝人寰的大屠杀。1937年12月，日军占领南京，残杀中国同胞30万人，这就是震惊世界的"南京大屠杀"。日军还对中国共产党领导的八路军、新四军和抗日根据地开展大规模的"扫荡"，对老百姓实行杀光、烧光、抢光的"三光政策"，杀戮人数超过318万人。暴行之三是进行细菌战与毒气战。日本731部队利用人体活体进行试验，将霍乱、鼠疫、伤寒病菌投放到中国各地。暴行之四是残害中国劳工。暴行之五是强迫中国妇女充当"慰安妇"。

其次是政治暴行。通过扶植傀儡政权，采取"以华治华"的侵略方针。日军在中国东北扶植溥仪，建立伪满洲国；在华北利用汉奸设立地方傀儡政权。

再次是经济暴行。日军实行"经济掠夺，以战养战"的侵略手段，在中国的土地上疯狂掠夺中国的资源与财富，如在东北，控制全部重工业和铁路交通，掠夺中国矿产资源；在关内，按照"工业日本，农业中国"原则，毁坏大量中国工厂，掠夺煤矿资源，以及粮食等主要农产品。

最后是文化暴行。日军在占领区大力推行奴化教育，泯灭中国人的民族意识和反抗精神。日本对台湾殖民统治50年，推行奴化教育和同化政策，开展"皇民化"运动。

据统计，战争中，中国军民伤亡3500多万人；按1937年的币值折算，直接经济损失高达1000多亿美元，间接经济损失5000多亿美元。

4. 警惕日本军国主义复苏

面对累累罪行，日本却不思悔改，挑战中国人民以及世界人民的底线。屡屡爆出参拜靖国神社、篡改教科书、否认南京大屠杀、否认存在慰安妇等事件，中日之间还存在钓鱼岛争端、战后赔偿、化学武器遗留等问题。那么，我们应该如何看待日本右翼分子极力歪曲历史的行为？主要有两点：第一，要妥善处理中日之间的历史问题及现实的国家利益问题，使得中日关系朝着健康良好的方向发展。第二，我们还要时刻防范日本军国主义抬头，维护世界和平，警惕日本军国主义抬头。

二、中华民族为何能实现全民族的抗战？

中国的抗日战争进行了多长时间？过去一提到抗战，就说是八年抗战，其实那是指全国性抗战，如果从九一八事变后中国军民进行局部抗战算起，到1945年抗战胜利，是十四年抗战。九一八事变后中国人民的抗日战争，揭开了世界反法西斯战争的序幕。

1. 中日民族矛盾上升为主要矛盾

1935年华北事变后，中日民族矛盾上升为主要矛盾，成为全民族抗战得以实现的决定性因素。民族危急关头，中国共产党积极促成抗日民族统一战线的形成。8月1日，发表"八一宣言"，号召"停止内战，一致对外"。12月25日，党中央在瓦窑堡召开了政治局扩大会议，决定建立抗日民族统一战线。

2. 中国共产党扛起武装抗日的大旗

面对国土的沦丧，为什么是中国共产党举起武装抗日的旗帜？中华民族生死存亡之际，国共两党采取了截然不同的态度。国民党当局在"攘外必先安内"的指导下，对日军的侵略采取"不抵抗"政策，导致了一系列溃败。

与此相反，在九一八事变后的第三天，中共中央就发表了《中国共产党为日本帝国主义强暴占领东三省事件宣言》，号召全国工农武装抗日。9月22日，中共中央作出《关于日本帝国主义强占满洲事变的决议》，要求各级党组织组织、领导群众的反帝运动，每一个党员必须发挥先锋模范作用、走上战场。

1932年4月15日，中华苏维埃共和国临时中央政府发布《对日战争宣言》，正式宣布对日作战。

3. 抗日救亡运动不断高涨

九一八事变后，抗战的主力是谁？是中国共产党及其领导的工农红军和广大的工人、农民群众，成为抗日救亡运动的中坚力量。还有哪些抗战力量？爱国学生和民族资产阶级，以及国民党军队中的部分爱国官兵。为了抗战大局和胜利，中国共产党开始与这些力量合作抗日。

1935年12月9日，北平学生数千人举行了抗日救国示威游行，反对华北自治，反抗日本帝国主义，保全领土完整，即"一二·九"学生爱国运动。

4. 国民党政策的转变

正是共产党人在抗战中的积极态度，使得国民党内部的爱国人士在思想上产生了巨大变化，张学良和杨虎城就是其中的代表。1936年年底，蒋介石亲赴西安督促张学良、杨虎城剿共，张学良苦谏无效，不得已于12月12日对蒋介石实行兵谏，逼蒋抗日。在张杨的努力和中国共产党的帮助下，西安事变得以和平解决。十年内战局面基本结束，为国共两党重新合作创造了前提，推进了抗日民族统一战线的初步形成。

　　1937年9月22日，国民党公布国共合作宣言，标志着第二次国共合作的正式形成，也标志着以国共合作为基础的抗日民族统一战线的正式形成。

　　中国抗日民族统一战线，是以国共两党合作为基础的，全国各族人民、各民主党派、各爱国军队、各阶层爱国人士以及海外华侨参加的团结抗日的全民族统一战线，是空前广泛的爱国统一战线。

三、如何评价国民党的正面战场？

　　面对日本的侵略，中国军民奋起抵抗，形成了抗日民族统一战线以及国共两个战场。习近平主席指出："正面战场和敌后战场相互配合、协同作战，都为抗战胜利作出了重要贡献。"[①]

　　针对日本的侵华战略，中国军民的抗战也可分为局部抗战（1931年9月至1937年7月）和全面抗战（1937年7月至1945年9月），全面抗战又分为战略防御阶段（1937年7月至1938年10月）、战略相持阶段（1938年10月至1943年7月）、战略反攻阶段（1943年7月至1945年9月）。局部抗战时期，由于国民党的"不抵抗政策"，抗战的中坚力量是中国共产党及其领导的工农红军和广大的工人、农民。

　　到了战略防御阶段，日本侵略的主要作战对象转变为国民党军队。是以国民党军队为主体的正面战场，担负了抗击日军的主要任务，成为抗战的主力。国民党军队组织了淞沪、太原、徐州、武汉等一系列会战，粉碎了日军"三个月灭亡中国"的狂妄计划和"速战速决"的方针，中国军民坚持了一年零三个月的防御作战。

　　战略相持阶段，国民党在正面战场受到日军主力的进攻、损失很大，仍能够坚持到底，国民政府大体上保住了西南、西北大后方。但随着日本对国民党政府采取"政治诱降为主，军事打击为辅"的方针，国民党政策也转变为"消极抗日，积极反共"。

---

　　①　习近平：《正面战场和敌后战场都为抗战作重要贡献》，中新网，2015-09-01。

战略反攻阶段，国民党军队的战斗力下降。1944年4月至1945年1月，日军发动打通中国大陆交通线的作战。在这次豫湘桂战役中，国民党军队遭到大溃败。

国民党正面战场为应对战事，将战场划分为七大战区，其中第六战区所辖范围为湘鄂川黔等地，司令长官是陈诚，司令部设在恩施，恩施亦为湖北省政府所在地。1937年11月，由于上海沦陷，国民政府迁都重庆，西部地区成为抗战时期国民政府的实际管辖区。1938年10月，广州、武汉失守。1940年6月，枣宜会战后日军占领了宜昌。本案例中，教育家朱峙三夫妇就是在这样的背景下，始终坚持教学工作，秉持教育救国的理念，竭尽全力在战争中为青年学子保留下一张平静的书桌。飞行员秦家柱在淞沪会战中壮烈殉国，共产党人牟伦扬在敌后抗日根据地献出年轻的生命。

总之，国民党正面战场在抗战中发挥了重要作用，承担着抵抗日军正面进攻的任务，涌现出很多如佟麟阁等英勇抗战、为国捐躯的爱国将领、民族英雄，国民党军队付出了322万余人的重大伤亡代价。此外，国民党正面战场对于中国共产党敌后战场的开辟起到了积极的促进作用。

[教学建议]

本案例适用于《中国近现代史纲要》（2021年版）教材中第六章第一节"日本发动企图灭亡中国的侵略战争"、第二节"中国人民奋起抗击日本侵略者"及第三节"抗日战争的正面战场"部分的辅助教学。

案例 2：叶挺将军在恩施

[教学目标]

1. 了解叶挺将军的生平事迹，尤其是叶挺将军在恩施的一段人生经历，学习叶挺将军不为名利所诱，不忘初心，坚定革命理想与信念的大无畏精神，学习叶挺将军在困境面前不惧艰险、积极进取、乐于助人的革命乐观主义精神，学习叶挺将军始终将国家民族大义放在首位，坚决抵抗和打击日本帝国主义的爱国主义精神。

2. 通过对叶挺将军及新四军在抗日战争中作用的认识，了解皖南事变的具体内容，了解抗日战争各个阶段中国民党战略方针的变化及其原因，了解中国共产党人始终顾全大局、坚持全面抗战及抗战到底的努力和贡献。

[案例呈现]

叶挺（1896—1946），字希夷，广东惠阳人。叶挺将军是中国共产党早期从事军事革命的领导者之一。他对党忠诚，对人民热爱，一生光明磊落，为国家的独立、人民的解放立下汗马功劳。毛泽东主席赞扬他"领导抗战，卓著勋劳"。周恩来总理称赞他是"人民队伍的创造者，北伐抗日，为新旧四军立下了解放人民的汗马功劳"。①

1941年皖南事变后，叶挺被国民党反动派非法扣押，先后被囚禁于上饶、息烽、桂林、重庆等地。蒋介石多次劝降，叶挺始终不为所动。当时在恩施主政的湖北省政府主席、第六战区司令长官陈诚，因与叶挺

---

① 中山大学《叶挺》编写组：《叶挺》，广州：广东人民出版社，1979年，第1页。

的"同窗袍泽"关系，受命劝降叶挺，于是四请叶挺来到恩施。1942年、1945年，叶挺两度被软禁于恩施山城，屡次拒绝国民党的劝降，不为高官厚禄所动，不为威逼利诱所吓，始终站在中国共产党和中国人民的一边，坚持抗战到底。

一、被囚恩施"民享社"

1942年12月底，叶挺第一次到达恩施，被软禁在清江左岸恩施东门的"民享社"（今恩施市六角亭街道办事处胜利街社区三义宫38号）。"民享社"原为清人饶应祺故居，饶应祺是恩施城关人，曾任新疆巡抚，对开发边地、巩固国防做出了重要贡献，是一位著名的爱国政治家和民族英雄。抗战期间，"饶应祺故居"改为"民享社"。

为了拉拢叶挺，国民党将他视作"上宾"，陈诚三天两头派人登门游说、赠送厚礼。叶挺决心不食国民党一粥一饭，适逢老友周苍柏正担任湖北省银行行长，于是生活费暂时向周苍柏支借，以后再还。由于被软禁，行动不能自由，叶挺的生活由周苍柏安排的王惊翔来照顾。陈诚为了软化叶挺，安排了叶挺的妻女来到恩施与他团聚，还要求王惊翔等竭尽所能照顾好叶挺生活。王惊翔有次从黑市弄到一些高级洋货，给叶挺送去，但怕叶挺不收，便谎称是周苍柏送的，还是被叶挺发现了端倪，询问过后，叶挺拒绝了这些东西。叶挺多次对周苍柏和王惊翔说："我是一个新四军，我的生活要与我的身份相符，我不能享受高于前线士兵几倍几十倍的待遇！"[①]

无论陈诚采用何种办法，叶挺始终不为所动，坚守底线，在气节上丝毫不让。

二、不做国民党的官

1943年2月，抗日战争进入相持阶段，日军侵占缅甸，进而由缅甸向云南发动进攻，陈诚奉命要回昆明，但他一直没有拿下叶挺，无法向蒋介

---

① 段雨生、赵酬、李札华：《叶挺将军传》，沈阳：辽宁人民出版社，2009年，第373页。

石交代。于是把叶挺请到家中，对他说："我想跟你商量一下，请你屈任第六战区副司令长官或代司令长官。"叶挺不愿理睬，说："碍难从命，没有商量的余地！"陈诚见以"高官"说不动叶挺，便拿抗日说事，"你要抗日，在新四军是抗日，在六战区也是抗日，到处都一样嘛！"叶挺气愤地说："六战区是不是只打日本人？打不打抗日的共产党人和进步力量？这个，你心里明白，我心里也有数。"陈诚赶忙辩解说自己对叶挺绝无陷害之心。叶挺大义凛然地说道："这也很难讲，我们是同学，有过私交，但没有公交，没有共同的信仰，也许你认为你这样做是为我好，但我则认为你是落井下石。我是很重气节的。在我国历史上，气节被看作人的第二生命，人如果没有气节，没有人格，活着就没有意义，死后也要受到历史的裁决。"[①]二人话不投机，越吵越厉害，最后只好请来周苍柏将叶挺接走。

陈诚回到昆明后，对叶挺仍不死心，揣测叶挺是因为皖南事变对国民党不满，又认为叶挺是不愿牵扯国共两党之间的纠纷。于是便邀请叶挺到远征军任职，摆脱两党，去打日本人。叶挺明确而坚决地拒绝道："凡是国民党的官，在哪里我都不做。如果真要让我打日本人，就放我回新四军。"陈诚无可奈何，威胁道："如果你坚持不出来任职，那我就没法再保护你了。"叶挺坦然无惧地说："老弟，你不要欺人太甚，我考虑再三，我至少还有三条路可以走。第一，自杀。第二，逃走。第三，去桂林，与任公（李济深）住在一起。第一条、第二条如果你不赞成，第三条总可以吧！"[②]

1943年7月，蒋介石乘飞机来到恩施，决定亲自劝降叶挺，但仍旧无功而返。1943年8月，叶挺被转押至桂林。

三、与土家人一起干农活

早在第一次被囚恩施期间，叶挺一家就与当地的土家族百姓交上了朋友。1943年2月，叶挺一家被陈诚从"民享社"招待所转移到恩施城西郊

① 赵冬菊:《叶挺将军在恩施》,《党的文献》1996年第6期，第76-77页。
② 赵冬菊:《叶挺将军在恩施》,《党的文献》1996年第6期，第77页。

后山湾的一幢小屋中，名义上是给叶挺的生活提供更多"自由"，实际上是为了便于看守。屋后有一座山坡，山上有国民党的碉堡。虽然有国民党的特务时刻监视，但叶挺一家也发现了后山湾的乐趣，这就是与后山湾一带的土家农民们交朋友。一开始，老百姓因为对国民党的惧怕，不敢与叶挺一家接近。叶挺就主动对邻居们嘘寒问暖。邻居贺桂香回忆说："叶挺将军待我们如亲人，我的小孩和丈夫生病了，都是叶挺将军给钱请大夫治好的。叶挺将军还经常叫我们不喝生水，他说生水里面有小虫子，喝了要生病的。"[1] 叶挺还常常走到住所附近的陈老二小茶馆，与老百姓们喝茶聊天。夫人李秀文还向土家族妇女学会了绣"猫猫鞋"。就连小女儿叶扬眉也和附近土家族的孩子们成了好朋友。[2]

1944年1月13日，叶挺被再次送至恩施软禁。然而这次国民党反动派改变了策略，他们知道叶挺完全不吃所谓"功名利禄"那一套，于是取消一切待遇，还命令周苍柏停止借生活费给叶挺，妄图切断叶挺一家的所有经济来源，迫使叶挺屈服。1944年夏，叶挺在写给妻子李秀文的信中提道："夏天，蚊声如雷，可连一床破蚊帐也没有。"他在信中还附了一首诗，末两句是："赤膊战蚊虐，睁眼盼天明。"[3]

虽然突然间，叶挺一家的生活变得十分窘迫，但这样的困难不会压倒叶挺，更不可能使他屈服。对国民党的虐待，叶挺自有办法，他带着孩子们继续开垦荒地，并种上玉米、红薯等粮食作物，还种了番茄、白菜、萝卜等蔬菜，为了改善生活，还养起了猪、羊、鸡、鸭、兔子等家禽，不仅能够自食其力，还有剩余，便拿出许多食物去帮助当地的土家百姓们。叶挺将军常对子女们讲："我们本是农家子孙，只要我们有双手，我们就能

---

[1] 中国人民政治协商会议恩施市委员会文史资料委员会编：《恩施文史资料（第四辑）》，政协恩施市委员会文史资料委员会，1992年，第100-101页。

[2] 赵冬菊：《软禁在土家族地区的铁将军——叶挺在鄂西》第三章"叶挺在后山湾农舍的'田园生活'"，北京：中共党史出版社，2004年。

[3] 赵冬菊：《叶挺将军在恩施》，《党的文献》1996年第6期，第77页。

生活。只有劳动才能有饭吃，不劳动的人是吸血鬼、寄生虫。"①

四、"争取重新做个共产党员！"

广州起义后，由于特殊原因，叶挺曾一度与党组织断了联系，但他始终对中国共产党领导的革命斗争十分向往。抗战爆发后，他深感民族危亡，渴望要为国家民族做出贡献。1937年11月，叶挺为了组建新四军亲赴延安，受到毛泽东主席的热情欢迎。在欢迎大会上，毛主席致辞说："我们今天为什么欢迎叶挺将军呢？因为他是大革命时期的北伐名将；因为他愿担任我们的新四军军长；因为他赞成我党的抗日民族统一战线的政策，所以我们欢迎他。"叶挺则激动地说："同志们欢迎我，实在不敢当。革命好比爬山，许多同志不怕山高，不怕路难，一直向上走，我有一段是爬到半山腰又折回去了，现在又跟上来。今后，一定遵照党所指示的道路走，在党和毛主席的正确领导下，坚持抗战到底！"②叶挺用"爬山论"表达了忠于党、忠于人民的决心。他虽然回到了革命的队伍，回到了党组织的领导之下，但还未正式重新入党。

此后经历皖南事变，被国民党囚禁5年之久。当终于要被释放之时，军统特务问叶挺，获得自由后想要做的第一件事是什么，叶挺毫不犹豫地回答："争取重新做个党员！"③

1946年3月5日，叶挺在重庆向中共中央和毛主席发去电文申请入党，他说道："我已于昨晚出狱。我决心实现我多年的愿望，加入伟大的中国共产党，在你们的领导下，为中国人民的解放贡献我的一切，我请求中央审查我的历史是否合格，并请答复。"3月7日，中共中央就回电叶挺："欣闻出狱，万众欢腾。你为中华民族解放与人民解放事业进行了二十余年的奋斗，经历了种种严峻的考验，全中国都已熟知你对民族与人民的无

---

① 中国人民政治协商会议恩施市委员会文史资料委员会编：《恩施文史资料（第四辑）》，政协恩施市委员会文史资料委员会，1992年，第99页。
② 中山大学《叶挺》编写组：《叶挺》，广州：广东人民出版社，1979年，第58页。
③ 王新元：《皖南事变后的叶挺与李济深》，《党史博采》1998年第8期，第44页。

限忠诚。兹决定接受你加入中国共产党为党员，并向你致热烈的慰问与欢迎之忱。"①

然而，1946年4月8日，叶挺将军等在从重庆飞回延安的路上，遭遇飞机失事，不幸遇难。毛泽东题写挽联："为人民而牺牲，虽死犹荣！"②

[思考讨论]

1.从叶挺将军的人生经历中，我们能够学习到哪些优良的品质？从像叶挺一样的革命者身上，体会什么是"不忘初心，牢记使命"？

2.结合抗战史实，尤其是恩施地区的抗战历史，谈谈对国共两党两个战场的认识以及中国抗日战争最终取得胜利的原因？

[案例分析]

本案例是关于叶挺将军在皖南事变后，被国民党蒋介石囚禁于恩施的一段经历。通过案例，我们可以看到以叶挺为代表的共产主义者们，始终坚持信仰，抗战到底、不畏生死的坚强决心和伟大品质。

一、叶挺与皖南事变

1938年10月，日军占领广州、武汉后，调整了侵华策略，对国民党政府采取"政治诱降为主，军事打击为辅"的方针，在占领区加紧扶植傀儡政权，建立发展汉奸组织，用主力兵力对付共产党领导的敌后抗日根据地并进行"扫荡"。抗日战争进入相持阶段。在日本策略的影响下，国民党虽然还在重申坚持持久抗战，但其对内对外政策却发生了重大变化。

1939年1月，国民党五届五中全会决定成立"防共委员会"，确定了"防共、限共、溶共、反共"的方针。蒋介石还将抗战到底的含义解释为"恢复到卢沟桥事变以前的状态"，这标志着国民党政府逐步转变为消极抗

---

① 中共惠阳地委党史办公室，中共惠阳县委党史办公室编:《叶挺研究史料》，广州：广东人民出版社，1987年，第196页。

② 中共惠阳地委党史办公室，中共惠阳县委党史办公室编:《叶挺研究史料》，广州：广东人民出版社，1987年，第433页。

战。汪精卫甚至公开叛国投敌，于1940年在南京成立伪国民政府。国民党顽固派于1941年1月，制造了震惊中外的"皖南事变"。新四军军长叶挺虽然率部进行了英勇抵抗，但终因敌众我寡，伤亡惨重，无法突围，副军长项英、参谋长周子昆、政治部主任袁国平等遇难。此后，叶挺按照党中央的指示，前往与国民党军进行谈判，却遭到非法扣留，先后被囚禁于上饶、桂林、重庆、恩施等地，时间长达5年零2个月。其中，在恩施时间最长，两度被囚，长达2年零5个月。皖南事变发生在抗战期间，是国民党顽固派对中国共产党领导的新四军所发动的一次突然袭击，表明国民党第二次反共高潮达到顶点。

叶挺是北伐名将，领导和参加了南昌起义，是中国人民解放军的创始人之一。皖南事变后，叶挺将军及家人被囚禁于恩施，蒋介石派了第六战区司令部长官陈诚去劝降，陈诚采用了各种手段，软硬兼施，叶挺将军丝毫不为所动，始终坚定自己的信仰，表现出革命家的凛然正气。叶挺将军还以皖南事变的亲身经历，痛斥国民党反动派破坏统一战线，反共、反人民的罪状。他深有感触地说，遵循党中央的指示去工作，就能取得胜利。皖南事变的惨痛教训太深刻了，要永远牢记。[①]

二、中国共产党是抗日战争的"中流砥柱"

何为"中流砥柱"？就是在险恶环境下，起到巨大支撑作用和中坚作用的力量。为什么说中国共产党是抗日战争的中流砥柱呢？

第一，抗日民族统一战线的大旗一直是由中国共产党人高举着和扛起来的。国民党一开始在干吗？1931年九一八事变发生时，由于"攘外必先安内"，蒋介石让张学良放弃东北，去西安剿共。1937年抗日战争全面爆发，中国共产党实行了联合国民党共同抗日的战略转变，开辟了抗战的新局面。将党领导的中国工农红军改编成国民革命军第八路军（简称八路军）、国民革命军陆军新编第四军（简称新四军），深入敌后抗日，消灭和

---

① 梅兴无：《战地记者陆诒一次特殊的鄂西采访》，《党史纵横》2018年第3期，第41页。

牵制大量日伪军，对中国以及世界反法西斯战争的胜利做出了巨大贡献。

第二，中国共产党始终坚持全面抗战路线以及持久战，毛泽东写了《论持久战》《抗日游击战争的战略问题》，对指导整个抗战起到了巨大的作用。毛泽东把战争分为三个阶段，战略防御、战略相持、战略反攻。我们怎么样在这三个阶段当中坚持抗战斗争？毛泽东讲的是要广泛地发动民众，要实行民主政治，要改善中国老百姓，特别是农民的生活，动员人民广泛地参加到抗日斗争当中去，建立巩固的抗日根据地，来坚持抗日斗争。①中国共产党坚持的是人民战争路线，而国民党与共产党的抗战路线是相反的。国民党实行的是片面抗战路线，单纯依靠政府和军队的力量，害怕人民武装力量的强大，结果是虽然也有台儿庄大捷这样的胜利，但很多仗打得不好，损失惨重，特别是中后期的大溃败，主要就是没有能够发动群众、片面抗战所致。

第三，中国共产党广泛开展敌后游击战，把游击战争提高到战略地位。包括麻雀战、地道战、地雷战等。中国共产党领导的八路军、新四军、华南抗日游击队、东北抗日联军等抗日武装，深入敌后开辟了广大的敌后战场，与国民党的正面战场相互配合。中国共产党领导的抗日武装，对敌作战12.5万余次，歼灭日、伪军171.4万余人，其中日军52.7万余人。1945年抗战胜利前夕，敌后战场主要是在西北、华北、华东、华南地区，共形成了19块抗日根据地，有一百多万平方公里，人口在一个亿左右。八路军、新四军正规军发展到了120万，民兵达到220多万。

第四，中国共产党创建抗日民主根据地，成为争取抗战胜利的坚强阵地。让人民当家做主，一直是中国共产党人的诉求。即便在战时，即便在中国共产党只能掌握局部区域政权的情况下，党也在为实现老百姓的民主权利而努力尝试。例如，中国共产党创造了一系列符合边区特点、方便群众参与的民主形式。如在政权组成人员的分配上，实行"三三制"，共

---

① 毛泽东：《毛泽东选集（第二卷）》，人民出版社，1991年，第462-471页。

产党员占1/3，非党的左派进步分子占1/3，中间派占1/3。一次在陕甘宁边区的选举中，由于选上的共产党员超过了1/3，有人主动辞职来确保这个1/3。抗日民主政权普遍采取民主集中制，各级抗日民主政权机构的领导人都经过人民选举产生。抗日民主政府实行各民族平等团结、共同抗日的基本政策，在少数民族聚居地区试行民族区域自治。这说明什么？就是要老百姓敢说话、能说话，而不是堵塞言路、一党专政。抗日民主政权还十分重视根据地的经济建设。根据地内停止实行没收地主土地的政策，普遍实行减租减息政策，以便使广大农民减轻负担，提高抗日和生产的积极性；同时又照顾地主的利益，增强地主对抗日民主政权的认同感。边区采取一系列发展生产的措施。例如开垦荒地、兴修水利、改进耕作技术等。此外，还在根据地创办了抗日军政大学、鲁迅艺术文学院、延安自然科学院等一批干部学校、专门学校和研究机构。抗日根据地真正成为中国历史上从未有过的政治民主、政府廉洁、民族团结、经济发展的新型社会。

第五，中国共产党始终坚持"坚决的、彻底的"抗战，任何时刻任何时机都没有丝毫动摇。这一点非常重要，这一点是基于对中国国情、中日关系、世界局势的正确认识得到的正确结论。中国人民在异常艰苦的条件下，做出了最大的民族牺牲，但始终坚持抗战不投降，这是我们对世界反法西斯战争做出的最大贡献。

总之，中国共产党始终坚持全面、持久、坚决的抗战路线，高举抗日民族统一战线的大旗，创建抗日民主根据地，开展敌后游击战争，广泛发动人民群众展开对日作战，成为抗日战争中的中流砥柱，为抗战的最后胜利做出了巨大贡献。

[教学建议]

本案例适用于《中国近现代史纲要》（2021年版）教材中第六章第四节"抗日战争的中流砥柱"及第五节"抗日战争的胜利及其意义"部分的辅助教学。

第七章

为建立新中国而奋斗

案例：人民解放军解放恩施

[教学目标]

1. 通过对恩施各地在解放战争中发生的具体战役的梳理，使学生了解解放战争的艰苦卓绝，了解解放战争的胜利和新中国的诞生是非常来之不易的，珍惜今天的幸福生活。

2. 掌握中国共产党为争取和平民主所做出的不懈努力，了解国民党反动派发动全面内战的过程，了解各民主党派的主张及其命运；树立"中华人民共和国是中国人民的历史选择""没有共产党，就没有新中国，只有社会主义才能救中国"的信念，为中国特色社会主义事业而奋斗。

3. 通过中国人民解放军在解放恩施地区的斗争中所遇到的困难及采取的策略，进一步深刻了解国民党政权垮台的原因，了解中间路线幻想破灭的原因，了解中国人民革命成功的原因及基本经验。了解恩施地区的共产党人及革命群众在解放战争中所付出的巨大牺牲和贡献，铭记革命先烈的光辉事迹，为建设更好的恩施、更好的中国而努力学习和奋斗。

[案例呈现]

1947年春，中国人民解放战争的主战场是黄河以北，但有一支部队已然在长江以南地区组建，有力地配合了正面战场的作战，并为战略决战中中国人民解放军渡过长江、解放全国打下基础。这支部队就是由张才千、李人林、王定烈领导的江南游击纵队。据王定烈将军回忆，这支部队在江南活动了78天，转战湘鄂边17个县，行程3500里，绝大部分时间都在行军、打仗。整个纵队共作战200余次，歼敌3000余人，缴获步马枪3000余支，轻重机枪300余挺，牵制了4个旅的敌人，延缓了敌军调入其他战场的时间。人民解放军江南纵队的声威，震撼了湘鄂大地。①

1949年秋，中国人民的解放战争已进入战略决战的关键时刻，恩施成为解放湖北的最后一站，11月2日，发起鄂西南战役，经过18天的激烈战斗，歼敌1.32万人，解放巴东、建始、恩施、来凤、宣恩、咸丰、利川、五峰、鹤峰等县。1950年1月15日，保康县解放。湖北全境解放。②鄂西南战役是为了配合解放大西南战役打的，各路大军向大西南进发，恩施处于被包围的形势，中国人民解放军要进入大西南，就必须先解决盘踞在恩施地区的敌人。

一、鹤峰左角寺战役③

1947年2月14日，解放军鄂西北军区参谋长张才千率领1200余人，突破国民党的封锁，在宜昌猇亭古老背渡过长江天堑，经鄢家沱、长阳，进入五峰。2月16日继续南进，经五峰县渔洋关、子良坪、清水湾进入湖南的泥市，再向恩施鹤峰方向前进。

2月22日，张才千、王定烈部1600余人抵达鹤峰县五里区下洞坪，向驻守左角寺的湖北保安团第九大队邱士贵部进攻。邱士贵部约500余人，多年来占山为王，烧杀掳掠，无恶不作，老百姓对其恨之入骨。队长邱士贵盘踞深山，凶残狡诈，人送外号"邱老虎"。解放军决定要打掉这只老虎，为民除害。左角寺修建在峰顶绝壁之上，海拔1400米，周围是丛林悬崖，只有一条路可行。为了迷惑敌军，引诱敌军消耗弹药，解放军派一个中队兵力正面佯攻，主力部队则由熟悉地形的当地百姓带领，从右翼

---

① 周世祥、叶厚全主编：《五峰革命斗争史料汇编》，五峰土家族自治县老区建设促进会、五峰土家族自治县史志办公室，2010年，第266页。

② 田子渝、黄华文：《湖北通史·民国卷》，武汉：华中师范大学，1999年，第695页。

③ 中共鄂西州委党史征编委员会办公室汇编：《鄂西自治州革命纪念地简介》，1989年，第162页。

翻山越岭，迂回到敌人后方，两面夹击，一举歼敌。战斗打得异常激烈，敌人被全部打掉，死伤和跌下悬崖的数百人，俘虏100余人，并缴获大量弹药，邱老虎化装脱逃。战斗结束后，张才千、王定烈同志视察了战场，在左角寺西南0.5公里处阙仙姑墓左侧安葬了三位在战斗中牺牲的解放军战士。

3月3日，张才千率部在五峰县红渔坪与先期从江陵县郝穴渡江的江汉支队李人林部会师，组成江南游击纵队，张才千任纵队司令员兼政委，李人林任副司令员兼副政委。经过整编，李人林部编为第一支队，张才千部为第四支队。战士们欢欣鼓舞，和词一首："五峰鹤峰多峰，山峦叠嶂重重，敌军围困万千重，奈何我岿然不动。早有精神准备，更有成竹在胸，急报兄弟已合拢，欢腾雀跃相逢。"①

二、建始官店口战役②

1947年3月初，李人林率领整编后的中国人民解放军江南游击纵队第一支队，首战夺取了建始与鹤峰交界的金鸡口，并准备直取官店。建始县县长金重威得知李人林部要攻打官店口，立刻召集警察大队长罗天南、警察局局长范达轩、军事科长姚泽义等商讨布防。由刚赶到的县警察大队第二中队长李德章率领70余人布置在营盘领制高点，担任第一防线狙击任务，警察第一中队长陈天杰率部进驻景阳清江南岸，担任第二防线增援任务，由姚泽义留守县城，进行城防部署。官店乡长、民防团长刘作舟率民团30余人与李德章部合力据守官店口，在街口及附近设立哨卡，阻截人民军队的前进，并妄图凭借居高临下的有利地形，"围剿"李人林部于官店口镇。

3月7日清晨，李人林部向官店口镇进发，上午10时左右，第一支队

---

① 周世祥、叶厚全主编：《五峰革命斗争史料汇编》，五峰土家族自治县老区建设促进会、五峰土家族自治县史志办公室，2010年，第265页。

② 黄建华主编：《建始概要》，武汉：湖北人民出版社，2017年，第131-132页；中共鄂西州委党史征编委员会办公室汇编：《鄂西自治州革命纪念地简介》，1989年，第163页。

分兵三路向官店口镇发起攻击。人民解放军在当地群众的配合下，迅速扫清外围，直逼营盘岭，强攻制高点。敌人凭借工事抵抗，使战事持续到黄昏，但还是被江南游击纵队击败，解放军歼敌30余人，俘虏4人，缴获战马2匹及大量武器弹药，剩余敌人由景阳向建始县城方向逃窜。江南游击纵队指战员在官店稍做休整，便向恩施石灰窑方向挺进。

三、李人林驻军恩施石窑①

1947年3月上旬，李人林部500余人由建始官店转战恩施石窑（今恩施市红土区石窑乡政府所在地），打掉了当地反动武装，击毙2人，其余40余人逃窜。部队在石窑驻扎一天一夜，使用的柴火、食物均向老百姓照价购买并留言致谢。临行前，全体官兵还帮助老百姓挑满水缸，打扫屋院。又在街道上张贴革命标语和布告，以此粉碎国民党的反动宣传。当地百姓直夸解放军"军纪严明，秋毫不犯！"连国民党自己的地方官员也不得不承认"我们的宣传言论是丧心病狂，胡说八道"。

张才千、李人林率领的中国人民解放军江南游击纵队横扫江南之敌，给湘鄂西人民带来了迎接解放的曙光。

四、巴东五宝山战役②

1949年8月，中国人民解放军湖北省军区独一师3团驻扎于溪丘中白湾，建立巴东县人民政府，3团政治部主任易长青代理县长。县政府成立后，召开群众大会，号召群众积极参军参战及开展支前工作，进一步扩大解放区的范围。此后，又建立区、乡各级人民政府，粮站，乡、区、县大队等。

9月，由于国民党127军311师、118军54师进犯已获解放的巴东县江北，28日晚，敌军54师的两个团经县城渡江，过东壤口北上，第二日进

---

① 中共鄂西州委党史征编委员会办公室汇编：《鄂西自治州革命纪念地简介》，1989年，第163页。
② 中共鄂西州委党史征编委员会办公室汇编：《鄂西自治州革命纪念地简介》，1989年，第164-165页。

驻荒口子、孟家垭、楠木观，并沿江巡逻。同时，敌中央纵队41军122师向解放军炮台山进犯，并占领了五宝山等地。10月6日，我独一师乘敌方124师与122师换防之机，收复贺家坪、白湾、羊角尖等地。次日，独一师1团、3团在大垭会合，向五宝山进攻，集中火力猛袭敌军124师，经过一夜鏖战，我军获胜，毙敌100余人，俘虏200余人，并缴获迫击炮2门，敌124师残部与原配合进攻的127军向九道梁方向溃逃。解放军乘胜追击，于8日拂晓占领五宝山。五宝山战役中，我军大获全胜，共歼灭敌人741人，缴获各种炮17门，枪支148支，子弹3万余发。[①]

五、巴东娃娃寨战役 [②]

1949年10月，为了阻止中国人民解放军解放鄂西南，国民党124军60师被派驻巴东娃娃寨构筑防御工事，以108团绕山设防，以重机枪把守，控制进山的唯一道路。娃娃寨位于巴东县绿葱坡镇北界村，山头形似一个娃娃，故此得名。娃娃寨海拔1672.8米，山势陡峭、易守难攻，仅有一"之"字形小道盘绕山顶，可谓天险。10月下旬开始，湖北省军区组织鄂西南地区作战指挥所，由军区第一副司令员王宏坤指挥，与四野47军，42军的15师、122师，省军区独一师、二师发起鄂西南战役。

为了攻克娃娃寨这一通往恩施的必经之地，10月30日，独二师师部率4团和8团从长阳天岩坪出发，经金竹顶、姚坪、响板溪、牛坪、梅家湾、香炉山，向巴东境内的娃娃寨前进。11月3日下午2时，担任主攻的前卫8团从正面向山顶实施强攻，攻至山腰，由于伤亡过大，双方形成相持局面。军分区司令员王定烈、师政委李人林来前沿阵地考察地形后，下令仍由8团继续从正面强攻，4团从左侧突击，经过3个多小时的激烈战斗，终于击溃敌军，占领了娃娃寨。娃娃寨战役歼敌200余人，俘虏800余人，

---

① 湖北省地方志编纂委员会编:《湖北省志·军事》，武汉：湖北人民出版社，1996年，第576页。

② 中共鄂西州委党史征编委员会办公室汇编:《鄂西自治州革命纪念地简介》，1989年，第165-166页。

缴获大炮50多门，枪1000余支，成为解放鄂西南战役的第一场重大胜利。

娃娃寨被攻下后，国民党60师残部连夜仓皇西逃，独立二师4团1营乘胜追击，在野花坪附近歼敌两个连，其余敌人向建始方向逃窜。11月3日，巴东江南获得解放。

六、巴东绿葱坡战役[①]

1949年10月30日，湖北省军区独一师由秭归香溪兵分两处渡过长江，进入巴东江南境内。独一师1团渡江至秭归流来观后，随即经由归坪、南坪沿公路追歼国民党军。11月3日兵至巴东绿葱坡，绿葱坡位于巴东县中部，山势险峻，距离巴东县城48公里，海拔1822.5米。解放军将国民党124军223师全部击溃，歼敌700余人，缴获大炮3门、轻重机枪20余挺，取得绿葱坡大捷。

1949年8月至10月，湖北省军区部队与国民党宋希濂部作战共计20余次，歼敌3139人。[②]

七、解放恩施城战斗[③]

1949年11月，宋希濂集团尚有8个军约11万余人的兵力，将主力集中于巴东、野三关、马宗岭、鹤峰、龙山、巫山、建始、恩施、咸丰等地，形成由东北至西南宽250公里、纵深100公里的防御地带，试图利用鄂西、川东天险屏障四川。[④]

11月5日，湖北省军区独一师攻占建始。11月6日，独二师则沿川鄂公路以南急行军，翻山越岭，于黄昏时分抵达恩施，在龙凤坝击溃国民党223师警卫营，追敌于土桥坝。由于天黑，敌人在仓皇逃窜中误闯入我军

---

① 中共鄂西州委党史征编委员会办公室汇编：《鄂西自治州革命纪念地简介》，1989年，第166页。

② 湖北省地方志编纂委员会编：《湖北省志·军事》，武汉：湖北人民出版社，1996年，第576页。

③ 中共鄂西州委党史征编委员会办公室汇编：《鄂西自治州革命纪念地简介》，1989年，第166页。

④ 湖北省地方志编纂委员会编：《湖北省志·军事》，武汉：湖北人民出版社，1996年，第576页。

队伍中，被我军当即活捉300多人。余敌慌忙退守城西，放火点燃清江大桥。解放军在烈火中冲过桥面，对敌人围追堵截，恩施县城宣告解放，残敌向咸丰方向逃跑。

八、解放宣恩城战斗 [①]

1949年11月10日，解放军于午时抵达宣恩城西，以四团兵力进攻宣恩城，歼敌124军60师下两个团，俘敌800余人，缴获小炮10门，轻重机枪40余挺，电台3部，宣恩县城宣告解放，余敌向鹤峰方向逃跑。

九、麻阳寨、沙道沟歼灭战 [②]

1949年11月12日，湖北省军区独一师从宣恩西追击敌军于咸丰中寨坝地区，截击宋希濂部194师，俘敌350余人。独二师、四野50军、二野11军将宋希濂部98师、199师、169师、60师包围于沙道沟、高罗、麻阳寨地区。[③] 独二师4团已占据了咸丰以北15里处山口，师团主力也已延伸至咸丰以东。二野11军由湘西西进，四野50军则全部抵达宣恩白果坝一线。

13日上午，敌199师先头部队与我独二师4团打响战斗，我师主力插到麻阳寨西南地区，等待敌人钻入我们的包围圈。14日拂晓，我军发起总攻，30分钟后，在麻阳寨以西15里处，牵制住敌军199师的两个营，只放了几枪，敌人便全部投降。下午，四野50军全歼敌169师，独二师全歼敌199师，并俘虏了敌师参谋长肖树钧及169师师长冯兴斋以下4000余人。当晚，我军宿高罗。15日凌晨，由高罗出发，追击至沙道沟，全歼敌98师，俘虏师长黄梁及以下2400余人。

---

① 中共鄂西州委党史征编委员会办公室汇编：《鄂西自治州革命纪念地简介》，1989年，第167页。
② 中共鄂西州委党史征编委员会办公室汇编：《鄂西自治州革命纪念地简介》，1989年，第167页。
③ 湖北省地方志编纂委员会编：《湖北省志·军事》，武汉：湖北人民出版社，1996年，第578页。

十、鹤峰打伙场战斗 ①

1949年11月17日，中国人民解放军在宣恩沙道沟围歼战斗中脱逃的国民党15军、79军残部1000余人。这伙残兵败将从宣恩向鹤峰方向逃窜，试图在打伙场凭借地势，负隅顽抗。打伙场是宣恩至鹤峰的必经之路，位于鹤峰县太平镇西南8.6公里官寨山腰，此地地势险要，东北紧靠官寨山，西傍杨家垭，南接叶家盖。打伙场是一块场坝（坪地），曾有三户土家族百姓在此居住，往来客商到此，往往在农户家打伙（恩施方言，意为"吃饭"），因此得名"打伙场"。

我独二师4团3营、8团2营部分连队，在副师长江贤玉、团长汪立进指挥下与敌军激战两小时，歼敌近200人。我军侦察排长杨定琪同志在此牺牲。鹤峰打伙场战斗是解放鹤峰的第一场重要战斗，对盘踞在鹤峰的国民党军队及地方反动武装起到了极大的威慑，为胜利解放鹤峰全境奠定了牢固的基础。

鄂西南战役，仅独二师，就毙伤敌人300余人，俘虏敌军7400余人，缴获各种炮113门，机枪300余挺，枪支4000余支，炮弹、子弹40余万发。

参加过鄂西南战役的肖健同志曾回忆说："解放恩施这一仗，基本情况是敌众我寡，地形险要，易守难攻，这是客观形势。我们部队数量虽少，全师六七千人，但是处于全国解放的形势，士气很高，内部团结，意志坚定，战斗力强，又有友军配合，所以能形成一个有力的拳头，以少胜多，加上政治攻势、政策攻心，把敌人包围了，一喊话，敌人就交枪了。还有王定烈、李人林等同志大胆机智的指挥以及师、团干部的作战经验，因而全师上下敢拼敢打，敢于胜利。"② 可以说是全面地总结了鄂西南战役取得胜利的原因和条件。

---

① 中共鄂西州委党史征编委员会办公室汇编：《鄂西自治州革命纪念地简介》，1989年，第167-168页。

② 中国人民政治协商会议、鄂西土家族自治州委员会、文史资料研究委员会编：《鄂西文史资料（第六辑）鄂西解放纪念专辑之一》，1988年，第7页。

[思考讨论]

1. 中国人民解放军在解放恩施的过程中遭遇了哪些困难和不利条件，以此分析整个解放战争的艰苦性和曲折性？

2. 说说在解放战争各个阶段中，国民党与共产党双方力量对比及发生变化的原因？

3. 了解一场解放战争时期在恩施地区发生的具体战役，谈谈中国人民解放军最终取得胜利的原因？

4. 了解一位为恩施解放做出巨大贡献的战斗英雄，结合张富清老人的感人事迹，说说如何做到忠于祖国、忠于人民，坚守初心、不改本色？

[案例分析]

抗日战争胜利后，广大人民群众都迫切希望实现和平、民主，期待一个新中国的诞生。然而，国民党蒋介石集团倒行逆施，大搞假和谈、真内战的阴谋。1946年6月下旬，国民党反动派拒不遵守重庆谈判所签订的《双十协定》，并撕毁政协协议。月底，国民党军以进攻中原解放区为起点，挑起了全面内战，国共关系彻底破裂。中国人民的解放战争，是在中国共产党的领导下，为了推翻国民党的反动统治、解放全中国而进行的战争。

本案例就是关于解放战争中，中国人民解放军在恩施地区斗争的具体情况。恩施境内绝大部分是山地，地形情况复杂，历来又是汉族、土家族、苗族、侗族、瑶族等多民族聚居之地。由于特殊的地形及民族状况，解放恩施的斗争也呈现出较为复杂的状况。通过本案例，既可以以点及面，深化对全国解放战争的认识和了解，又可以通过具体史实，进一步分析和论证中国共产党为何能够最终战胜国民党的原因。

一、中国人民的解放战争

中国人民的解放战争是一场以革命战争反对反革命的战争。从性质上讲，蒋介石发动的内战，是在美帝国主义支持下、反对民族独立和人民解放的反革命战争，是非正义的，是不得民心的。而人民解放战争是正义的和革命的，必然得到全国人民的支持和拥护。

解放战争共分为三个阶段。第一阶段从1946年6月至1947年6月，为战略防御阶段。战争主要集中在解放区进行，中国共产党领导的解放军通过运动战，粉碎了国民党妄图利用优势兵力"3到6个月内消灭关内共军"的图谋。

第二阶段从1947年6月至1948年9月，是战略反攻阶段。由于国民党速战速决战略的破产，转而重点进攻共产党在陕北和山东的根据地，却导致后方兵力空虚。1947年6月，刘邓大军（刘伯承、邓小平）强渡黄河、千里挺进大别山、直插敌人心脏（国民党统治中心南京和武汉）；陈毅、粟裕的华东野战军挺进豫皖苏；陈赓、谢富治兵团挺进豫西。三路大军相互策应，在黄河、长江之间的广大地区形成"品"字形战略态势，使整个战争格局发生了根本变化，解放军由防守转为反攻，把敌人的后方变为自己的前方。

第三阶段从1948年9月至1949年12月，是人民解放战争的战略决战阶段，以辽沈战役、淮海战役、平津战役三大战役展开。林彪、罗荣桓领导的东北野战军于1948年9月12日发起辽沈战役，历时52天，歼敌47万余人，使东北全境获得解放。华东、中原两大野战军于1948年11月6日发起淮海战役，经过66天的战斗，歼敌55.5万余人，使华东、中原地区基本解放。林彪的第四野战军于1948年11月29日发起平津战役，攻克天津并包围北平，迫使傅作义接受改编，歼灭和改编国民党军52万余人，使华北大部分地区获得解放。国民党军队被迫退到长江以南，企图划江而治。1949年4月21日凌晨5时，中国人民解放军发起渡江战役，强渡长江，4月23日解放南京。至1950年几乎解放整个中国大陆，国民党仅能控制东南沿海岛屿以及西南部分山区。中国人民的解放战争获得伟大胜利。

本案例中恩施地区的解放斗争就是发生在中国人民解放战争的战略决战阶段，是在渡江战役、解放南京之后，进一步解放全国的战斗。由于恩施地处偏僻山区，地形及民族情况复杂，解放军进行战斗的难度很大，但解放恩施的鄂西南战役事关全国解放的大局。1949年5月16日，武汉解放；8月5日，湖南和平解放。但国民党反动军队不甘心失败的命运，继续负隅顽抗，召集武陵地区的地主恶霸、军阀政客、土匪特务、帮会头目等，与人民为敌。1949年9月，中国人民解放军第二、第四野战军进军大西南，在当地各族百姓以及国民党内开明军政人员的支持和配合下，接收了国民党大量起义部队，于11月16日解放了整个武陵山区，并在各地建立各级人民政府，彻底粉碎了国民党妄图退守重庆、死守成都的图谋。1949年9月30日，重庆解放；10月1日，中华人民共和国宣告成立；12月30日，成都解放；1950年2月开始，四川、贵州、云南、西康（旧省名，1955年撤销）陆续解放。解放战争的大规模作战行动基本结束。

二、中国共产党为何能够战胜国民党？

首先，双方所代表的阶级利益不同。中国共产党是无产阶级的先锋队，始终代表广大人民的根本利益。中国共产党人有最牢固的工农联盟和群众基础，能够建立最广泛的人民民主统一战线。而国民党则代表的是大地主大资产阶级的利益。国民党蒋介石继续实行独裁统治，不仅得不到人民的支持，各民主党派和无党派民主人士也选择与共产党人合作，连国民党内部也产生了巨大的分歧，国民党左派也逐渐站到了中国共产党和人民的一边。

其次，中国共产党战胜国民党依靠两条战线的斗争，第一条战线即解放区的人民运动，其主体是包括人民解放军在内的解放区各阶层人民；第二条战线即国统区的人民运动，其主体是广大爱国学生、工人、市民及蒋管区各阶层人民。两条战线相互配合，反对国民党反动派的统治。第一条战线是在中国共产党的公开领导下进行的，以军事内容为主；第二条战线是在中国共产党的秘密领导下进行的，以政治内容为主。在国统区相继爆发了一二·一、抗议美军暴行、五二〇等学生运动，极大地促进了国统区人民民主运动的高涨。市民请愿、工人罢工、农民民变各种斗争方式风起云涌，给了国民党反动派以沉重的打击。

再次，中国共产党在解放区开展的土地改革运动，既是一场深刻的农村大革命，又是一场社会大变革。彻底解决了农民的土地问题，实现"耕者有其田"，消灭了封建土地剥削制度，进一步巩固了工农联盟，为解放战争在全国的胜利打下了坚实的基础。

最后，国民党的失败还源于自身的腐败。政治上，国民党倒行逆施、挑起内战、不得民心；加之派系林立、鱼龙混杂，其政权内部腐败严重。抗战后期国民党贪官污吏在大后方"大发国难财"；抗战胜利后，国民党接收大员被老百姓戏称为"劫收"大员。经济上，持续的内战，使国民党的军费开支达到其财政支出的80%，财政赤字严重。国民政府一面对人民征收苛捐杂税，一面无限制地发行纸币，导致通货膨胀、物价暴涨、民不聊生。民族工商业走向破产、农村经济急剧衰退、人民陷入饥饿和死亡之中。军事上，国民党400万军队情况复杂，山头林立、相互提防；蒋介石不善于军事指挥，却又擅权专断；国民党凭借人数和武器的优势，往往选择打正规战、阵地决战，共产党则采取灵活机动的战术；共产党隐蔽战线的情报、策反工作起到了有效的配合。国民党坐拥天时、地利，却失去了人和，其失败是历史的必然。

三、解放恩施的历史进程及意义

恩施之所以能够成为红色之都，是基于在三次国内革命战争中，涌现出众多革命英烈，带领着恩施人民进行了不屈不挠的顽强斗争。恩施具有深厚的红色基因和丰富的红色文化，不仅在北伐战争、土地革命时期，在解放战争中更是有无数的英雄儿女，为了恩施的解放事业抛头颅、洒热血。本案例就是关于解放战争中，发生在恩施地区的具体战役情况。通过对具体战役的了解，能够加深对战争激烈程度和战争残酷性的了解，加深对革命先烈的敬仰与缅怀之情，进一步体会到革命胜利的来之不易，更加珍惜今天的美好生活。

1. 解放恩施的历史进程

解放恩施的战斗大致经历了两个阶段。

第一阶段从1946年中下旬开始，张才千、王定烈部由中原突围至鄂西北，创建革命根据地。1947年2月始，中国人民解放军江汉军区、江南游击纵队在张才千、王定烈、李人林等的率领下发动了鹤峰左角寺、建始官店口等著名战役，并经建始官店转战进入恩施石窑驻扎。一系列的战役，迫使国民党军围堵失败、损兵折将，为恩施地区的解放奠定了基础，也为1947年6月开始的中国人民解放军全国范围内的战略反攻做出了贡献。此后，张才千等在湘鄂川黔四省边界继续战斗，有力配合了晋冀鲁豫野战军主力千里跃进大别山的战略壮举，并领导建立了江汉解放区。

第二阶段从1949年9月开始，是中国人民解放军战略决战的重要组成部分。解放恩施的战斗从巴东五宝山战役开始，经过娃娃寨战役的激烈斗争，打通了进入恩施的门户，实现了解放鄂西地区第一次战役的胜利。又通过巴东绿葱坡战役的重大胜利，于11月3日解放了巴东县城，11月5日解放了建始县城。11月6日，通过龙凤坝阻击战，解放恩施县城；11月9日，解放来凤县城；11月10日，宣恩县城解放；11月11日，咸丰县城解放。11月14日，人民解放军取得了麻阳寨、沙道沟歼灭战的重大胜利。当日，利川县城解放。又经鹤峰打伙场战斗，11月18日，鹤峰县城解放。鹤峰的解放，标志着湖北全境获得解放，也标志着鄂西南战役的全面胜利。

2. 恩施解放的历史意义

首先，解放恩施是鄂西南战役胜利的关键。1949年10月，以第四野战军第十三兵团为主力的人民解放军在取得宜沙战役胜利之后，为配合二野主力进军四川，决定对盘踞在鄂西境内的宋希濂集团发动攻击，史称"鄂西南战役"，是人民解放军进军大西南的先声。[①]当时，宋希濂主力回

---

① 白夜、柳丽：《鄂西南战役：湖北境内大规模军事行动结束》，《档案记忆》2019年第11期，第11页。

防鄂西，在川湘鄂边区构筑新的防线，成为拱卫国民党残军的西南后方。宋希濂集团有8个正规军，共计11万余人，加之地方保安团及收编的国民党残余数万人。宋希濂将国民党湘鄂边区绥靖公署改为川湘鄂边区绥靖公署，改归西南军政长官公署指挥，总部就设在湖北恩施，并从建制上脱离了白崇禧集团。[①]11月2日，人民解放军湖北省军区成立了以第一副司令员王宏坤、参谋长张才千为首的鄂西南战役指挥所，率领独一、独二师和五十军，配合第二、第四野战军发起了以解放恩施为中心的鄂西南战役，三方面军兵力共计20余万人。在恩施巴东县绿葱坡镇北界村境内的娃娃寨，打响了鄂西南战役的第一枪，鄂西南战役首战告捷。至11月18日鹤峰解放，19日鄂西南战役彻底结束，鄂西全境获得解放。鄂西南战役历时半个多月，歼灭宋希濂集团主力1.5万余人，及地方反动武装1万余人。

其次，恩施是解放湖北的最后一站。1949年10月1日，中华人民共和国宣告成立，但全国范围内的解放战争并未结束，湖北尚未获得全境解放。中国人民解放军解放湖北的战斗，总体路线为由北向南，再由东向西。1947年10月16日，郧西解放，成为湖北境内解放的第一个县城。1948年，人民解放军发动襄樊战役，襄樊解放。1949年4月，第四野战军主力南下，5月发动汉浔间渡江战役。5月16日，武汉解放。7月，人民解放军涉水进入宜昌、沙市等地，解放江陵至宜昌（包括湖南常德）沿江地区。8月，兴山、秭归获得解放。11月，鄂西南战役获得全胜，湖北境内大规模军事行动宣告结束，湖北实现全境解放。

最后，恩施的解放为人民解放军进入四川扫清了道路。宋希濂部在蒋介石、胡宗南的指示下，将主力集中于巴东、野三关、马宗岭、鹤峰、龙山、巫山、建始、恩施、咸丰等山岳地带，组成由东北向西南宽约250公里、纵深约100公里的防御地带，以便北与孙震的川东绥署、南与何绍周

---

① 王平：《解放恩施的鄂西南战役》，《党员生活（下）》2019年第8期，第58-60页。

十九兵团的"黔东防线"相连接，企图利用鄂西、川东天险屏障四川。[1]恩施的解放彻底打破了国民党的这一图谋，为中国人民解放军解放四川、贵州等省提供了条件。

在解放恩施的战斗中，人民解放军和恩施地区的人民群众都付出了巨大的牺牲。例如在鹤峰左角寺战役中壮烈牺牲的解放军三烈士，在鹤峰打伙场战斗中牺牲的侦察排长杨定琪等，都永远值得我们铭记。1998年，为了纪念在巴东娃娃寨战役中牺牲的烈士，巴东县委、县政府修建了娃娃寨烈士纪念碑，以此纪念为了恩施的解放事业付出生命的伟大先烈们。

[教学建议]

本案例适用于《中国近现代史纲要》（2021年版）教材中第七章第一节"从争取和平民主到击退国民党的军事进攻"、第二节"全国解放战争的发展和第二条战线的形成"及第四节"建立人民民主专政的新中国"部分的辅助教学。

---

① 白夜、柳丽：《鄂西南战役：湖北境内大规模军事行动结束》，《档案记忆》2019年第11期，第11页。

第八章

社会主义基本制度在中国的确立

案例1：鄂西剿匪记

[教学目标]

1. 对新民主主义社会的科学内涵和新民主主义社会的历史进程有一个总体的了解，对中国由新民主主义社会向社会主义社会过渡的理论的形成、发展及其主要内容有一个基本的把握，对社会主义改造的理论成果的精髓及其内在关系有一个准确的认识和把握。

2. 认识社会主义道路是历史和人民的必然选择，中国共产党开创了有中国特点的向社会主义过渡的道路。

3. 通过对鄂西地区剿匪经过的学习，使学生了解新中国建立之初的困难局面，了解中国人民解放军为彻底解放全国所付出的巨大代价，树立为国家、为人民谋发展、谋幸福的理想和信念。

[案例呈现]

《鄂西剿匪记》是王定烈将军的一篇回忆文章，刊载于《湖北文史资料》2001年第3期。王定烈将军是一位从川东农村走出来的少年英雄，15岁就参加了红军，17岁加入中国共青团，18岁成为中国共产党正式党员。在土地革命战争时期、抗日战争时期、解放战争时期屡立战功。新中国成立后还参加了抗美援朝战争。获少将军衔。王定烈参加了解放湖北各地以及解放恩施的鄂西南战役，《鄂西剿匪记》就是鄂西南战役结束后，王定烈等在鄂西地区进行剿匪斗争的亲身经历及亲述历史。

文章分为"深山剿匪""密林突击""剿匪竞赛"三个单元。

在"深山剿匪"中，作者首先分析了解放后恩施地区匪患严重的原因：一是由于地形因素，"恩施地区，北起巴东，南至来（凤）咸（丰），西起利川，东至鹤峰，上通巴蜀，下临潇湘，境内群山起伏，逶迤连绵，山势险要，地形复杂，历史上就是草莽出没、群寇称王的地方"；二是鄂西地区的土匪实际上是国民党委任的"军、警、特、宪"的组合产物。[①] 这正是解放后鄂西地区的匪患实情，即潜伏在山城的国民党特务与被我解放军击溃的国民党残余部队，勾结和纠集地方山匪、恶霸等顽固反动势力，倚靠山区地形，聚众为害。

其次，鄂西地区土匪有三大特征：第一，土匪数量众多、分布广泛，"据不完全统计，在巴东、房县有李殿臣；利川有王冠南、曾照品；建始、鹤峰有钱甫堂；宣恩、咸丰有曹子亚；来凤有杨德芝、彭雨清、瞿波平等大小土匪武装近七十股，一万余众。另外，邻近的川东南、湘西、黔东北等区域，尚有二十余县有股匪为患"。第二，这些土匪十分嚣张和凶残，他们残忍杀害我革命干部和群众，不断进行破坏活动，肆意扰乱社会秩序，严重威胁新生的人民政权。"或啸聚山林，隐匿山洞；或化整为零，四处流窜，洗劫掳掠；或组织反革命暴乱，伏击我来往人员，杀我地方干部和积极分子。时至1950年5月，我们就有七十余名工作队员和农会干部惨遭杀害。"[②] 第三，这些土匪利用解放初期老百姓对党和人民军队的政策尚不十分明确的情况，不仅大肆向群众进行反动宣传，还采取各种手段，胁迫当地青壮年为匪，致使恩施地区竟有土匪"越剿越多"之势。总之，解放之初，鄂西地区匪患形势严峻，剿匪刻不容缓，人民解放军任务艰巨。

针对形势，恩施地委、军分区制定了"肃清土匪，发动群众，巩固政权，开展土改"的工作方针。根据各县的匪情，采取"内线驻剿与外线

---

① 王定烈：《鄂西剿匪记》，《湖北文史资料》2001年第3期，第94页。
② 王定烈：《鄂西剿匪记》，《湖北文史资料》2001年第3期，第94页。

进剿相结合""以军事打击为主，政策攻心为辅"的斗争策略。①人民解放军一面宣传、发动和组织群众，一面集中力量率先打击大股土匪。在人民群众的帮助下，解放军很快就将最为疯狂、危害最烈的土匪和特务刘庄如、瞿波平、朱继凯、宋大香、朱继凯、彭清等部全部打掉，极大地震慑了其他小股匪徒，恩施地区的匪情基本得到控制，仅剩少数顽固分子继续作恶。

在"密林突击"中，为了彻底消灭恩施地区的土匪，给人民群众一个清平世界，更为了巩固胜利果实，保障新生人民政权的稳定，地委、军分区党委召开各县军政干部联席会议，决定将六月、七月定为"剿匪突击月"，并根据湖北省军区的统一部署，与友邻部队组织了利（川）石（柱）、恩（施）奉（节）、巴（东）建（始）鹤（峰）、宣（恩）鹤（峰）龙（山）、咸（丰）酉（阳）龙（山）5个剿匪指挥部，确定了各县的重点打击目标。②解放军取得重大胜利，剿匪运动迎来了高潮，接连打掉了覃介民、杨茂林、彭镇南、曾照品、冯林山、冉子蛟等匪首。6月1日至7月15日，54天内，我军与匪特共进行大小战斗83次，消灭大小土匪武装40余股，计2200余人，缴枪800余支。至此打乱了土匪各部建制及其组织指挥系统，并切断了匪特之间的联络，肃清了恩施地区的股匪，人民群众拍手称快。③

在"剿匪竞赛"单元中，生动记述了中国人民解放军对鄂西土匪的最后一役。军分区将八月定为"剿匪荣誉竞赛月"，决定集中兵力，以歼灭南线股匪为主，并组织湘鄂川三省联合会剿。仅八月，就歼灭土匪4163人，其中，毙伤16人，俘668人，投降3884人。缴获各种炮5门，轻重机枪46挺，长短枪2408支，电台1部，电话机91部，骡马43匹，炮弹572发及子弹23.94万发。④至此，经过将近一年的军事大清剿，恩施全境的股匪被基本肃清。据参加了鄂西南战役和鄂西剿匪的肖健将军回忆，在这场

---

① 王定烈：《鄂西剿匪记》，《湖北文史资料》2001年第3期，第95页。
② 王定烈：《鄂西剿匪记》，《湖北文史资料》2001年第3期，第96页。
③ 王定烈：《鄂西剿匪记》，《湖北文史资料》2001年第3期，第98页。
④ 王定烈：《鄂西剿匪记》，《湖北文史资料》2001年第3期，第100页。

剿匪斗争中，我方有195名干部、战士献出了宝贵的生命。[1] 从1950年12月开始，剿匪工作"由大军进剿转为隐蔽斗争"，继续彻底消灭残余匪徒，清匪工作进入更为深入的阶段。王定烈将军深情回顾了剿匪胜利后，解放军官兵与恩施各族百姓欢庆的场面。

此后，王定烈将军在访谈中，回忆和总结了鄂西剿匪胜利的几个重要原因：一是民主革命形势的迅猛发展，大局已定，顽固土匪早已经失去了他们赖以生存的土壤；二是中国共产党领导下的人民解放军，是代表人民利益的人民子弟兵，有着不怕牺牲、英勇顽强的革命传统，不惧劳苦、敢打硬战；三是实行军事围剿和政治攻心相结合的斗争策略，利用党的政策去分化瓦解敌人，同时还获得了广大人民群众的支持和拥护；四是人民解放军统一部署、统一指挥、统一作战，凭借优良的武器装备、通信设备和军事素养。这是人民战争的胜利。[2]

鄂西剿匪实际上是鄂西南战役的继续，也是整个湘鄂川边区联合清匪行动的重要组成部分。中国人民解放军的剿匪行动是代表各族人民群众向国民党反动残余势力及其帮凶的坚决打击，使恩施地区的社会秩序得以好转，为新生人民政权在鄂西地区各项工作的深入开展扫清了障碍，为恩施各族人民新生活的到来提供了保障。

[思考讨论]

1. 新中国建立后面临着怎样的国内外局势？新生的人民政权是如何应对国内外的挑战的？

2. 新中国建立之初，在广大农村和山区还残存着长期危害人民生命财产安全的200多万土匪，以鄂西地区为例，阐述匪患存在的原因有哪些？

---

① 肖健：《鄂西南剿匪的回顾》，中国人民政治协商会议、鄂西自治州第二届文史资料委员会：《鄂西文史资料（第七辑）——纪念鄂西解放四十周年专辑之二》，1989年，第47页。

② 郭一凡：《同仇敌忾 铲除匪患——王定烈将军话当年鄂西剿匪》，中国人民政治协商会议、鄂西自治州第二届文史资料委员会：《鄂西文史资料（第七辑）——纪念鄂西解放四十周年专辑之二》，1989年，第42页。

而中国人民解放军为何能够在短短两年多的时间内肃清匪患，还给中国人民一个清平世界？

[案例分析]

建国初期，为了巩固新生的政权，对外进行抗美援朝，对内镇压反革命、实现了西藏的和平解放，同时又进行了土地改革，建立起各地各级人民政府，逐渐恢复和发展了国民经济，并逐步建立国家工业体系和国民经济体系。

一、新中国成立之初的剿匪运动

在当时，虽然新中国已经建立，但解放全中国的任务还没有彻底完成。国民党从大陆撤退时还留下了100多万人的军队有待收编和整肃；此外，全国不少地方，尤其是西南地区还盘踞着超过200余万人的土匪；在广大城乡地区，还有国民党安插的60多万名特务人员以及反动会道门和传统黑恶势力，都威胁着新生的人民政府和广大人民群众的生命财产安全。从1950年底到1951年12月，在全国范围内开展了镇压反革命运动，反动势力基本被肃清。

本案例讲述了中国人民解放军在鄂西地区的剿匪经过。历史上，由于恩施的特殊地理位置，处于湖北、湖南、四川三省的边界地区，加之多山、有峡谷，素有"三不管"之称，也成为很多土匪盘踞之所。新中国成立后，大批土匪向我人民解放军投降，很多占据山林的绿林头子也纷纷解散队伍，但仍有部分土匪心存侥幸，继续与人民为敌，很多还与国民党特务勾结在一起，对新生人民政权的稳定造成严重威胁。

为了遏制土匪猖獗的活动，防止其对人民进行反扑，1950年3月16日，中共中央、中央军委发布《剿灭土匪，建立革命新秩序》的指示，指出：必须明确，剿灭土匪，是当前全国革命斗争不可超越的一个重要阶段，是建立和恢复各级人民政权，以及开展其他一切的必要前提，是彻底消灭国民党在大陆的残余武装，迅速恢复革命新秩序的保证。[①] 邓小平曾说过，西南的中心工作是剿匪，土匪不歼灭，一切无从谈起。所以，剿灭土匪既是为了维护新生人民政权的稳定，也是为了能够在广大的农村地区进一步开展土地革命运动，解放生产力。自此，一场长达3年多的剿匪斗争迅即在全国展开。人民解放军先后抽调39个军140多个师的150万人的兵力，从1950年至1953年，剿灭匪特武装240余万人。[②]

案例中恩施地区的剿匪斗争是全国剿匪运动的重要组成部分，是在党中央和中央军委的号召下，在恩施地区人民群众的支持下，人民解放军恩施军分区的指战员们在恩施开展的全面肃清境内土匪残余的革命斗争。从文中"深山剿匪""密林突击"可以了解到形势之艰难以及斗争之激烈，从"剿匪竞赛"又可看出官兵们齐心协力、土匪不清决不收兵的革命精神和斗志。恩施地区的剿匪斗争既确保了鄂西南首府恩施的安全与稳定，也推动了恩施地区军民共建、民族团结新局面的到来。

二、从新民主主义向社会主义的过渡

通过对案例的分析，可以更加全面和深入地了解新中国建立之初的国内局势，尤其是了解到新生的人民政权所面临的巨大困难和压力。也能够帮助理解何为"从新民主主义向社会主义的过渡"。

随着中华人民共和国宣告成立，标志着中国新民主主义革命取得基本胜利。也标志着中国半殖民地半封建社会的终结以及新民主主义社会在全国范围内的建立。新民主主义革命推翻了帝国主义、封建主义、官僚资本主义"三座大山"，彻底完成了近代以来中国人民反帝反封建的历史任务，建立起以中国工人阶级为领导的各个革命阶级联合专政的新民主主义社会，并继续实现由新民主主义向社会主义的过渡。

---

① 知识竞赛组委会编：《迎接党的十七大和纪念建军八十周年知识竞赛参考资料》，北京：中共党史出版社，2007年，第138页。

② 知识竞赛组委会编：《迎接党的十七大和纪念建军八十周年知识竞赛参考资料》，北京：中共党史出版社，2007年，第138页。

中国的民主革命，是以五四运动作为分界点，划分为旧民主主义革命和新民主主义革命两个时期，两者最大的区别是领导阶级不同，旧民主主义革命的领导阶级是资产阶级，而新民主主义革命的领导阶级是无产阶级。在无产阶级的先锋队中国共产党的带领下，完成了新民主主义革命的历史任务，进入新民主主义社会。但并不意味着革命就此结束，因为新民主主义社会并不是社会主义社会，此时的中国还没有建立社会主义社会的生产关系，所以还需要进行社会主义革命，使中国从新民主主义社会过渡到社会主义社会。

那么，剿灭土匪、镇压反革命等属于什么性质的革命运动呢？由于反革命分子、土匪恶霸等与人民群众存在阶级对立，是相互斗争的敌我矛盾，因此，剿灭、肃清这些反动势力是完成民主革命的遗留任务。只有全面荡涤了这些旧社会的污泥浊水，才能彻底完成民主革命的任务，开启社会主义革命和建设的道路，才能实现从新民主主义社会向社会主义社会的过渡。

[教学建议]

本案例适用于《中国近现代史纲要》（2021年版）第八章第一节"中华人民共和国的成立与新生人民政权的巩固"部分的辅助教学。

案例 2：恩施州的建立与发展

[教学目标]

1. 了解恩施土家族苗族自治州的建立过程及发展历程，了解新中国成立以来恩施州所取得的巨大成绩，了解新时代恩施人民的生活状况，增强对地方政治、经济、文化发展的自信，增强对家乡、对民族的自豪感和荣誉感。

2. 通过对恩施州当前社会经济文化发展的了解，认识到只有社会主义才能救中国，才能发展中国；认识到中国共产党是领导中国革命、建设、改革事业的核心力量；认识到只有在中国共产党的领导下，走中国特色社会主义道路，才能实现中华民族的伟大复兴。

[案例呈现]

恩施土家族苗族自治州是新中国最年轻的自治州，自1983年建州以来，在党和政府的关怀下，全州上下齐心合力，努力奋斗，各项事业取得了全面发展，改变了过去"老少边穷"的面貌，以崭新的姿态成为鄂西地区一颗闪耀的明珠。

一、恩施州的建立

1949年4月，中原局在开封会议上就定下了"解放鄂西，进军大西南"的战略。中华人民共和国成立后，解放大西南成为全国解放的关键之役。要解放大西南，就必须先解放恩施，歼灭退守西南的国民党军队的有生力量，彻底打消国民党退守西南的图谋。1949年10月下旬开始，以解放恩施为中心目标的鄂西南战役打响，有力地配合了解放大西南的最后胜利。1949年11月4日，恩施境内鸦鹊水率先获得解放；11月6日，恩施县城解放。解放后，成立了湖北省恩施行政区，设置专员公署，仍辖原有的8个县。11月18日，恩施专区所属8县全部解放，鄂西南战役胜利。

1957年1月3日，通过民族识别，国家民委正式确认土家族为单一少数民族。1958年夏，恩施专署民族宗教事务科前往恩施太阳河、三岔口、芭蕉、大集场等地做民族调查，初步确认恩施为土家族聚居地之一。[①]1980年5月21日、25日，来凤、鹤峰先后成立土家族苗族自治县，仍由恩施地区管辖。[②]1981年11月7日，国务院批准设立恩施市，恩施实行县、市分治，恩施市行政区域总面积1.68万平方公里。是年，中南民族学院专家学者，受国家民委委托，至恩施县开展民族调查工作。[③]1983年，恩施县、市合并为恩施市（县级市）。8月19日，国务院批准撤销恩施地区行政公署，成立鄂西土家族苗族自治州，州府为恩施市，12月1日举行自治州成立大会。同时，撤销来凤、鹤峰两个土家族苗族自治县，恢复来凤县、鹤峰县。1986年11月14日，利川撤县建市，改为利川市（县级市）。全州六县二市格局形成，即恩施、利川二市，及巴东、建始、来凤、咸丰、宣恩、鹤峰六县。1993年4月，经国务院批准，鄂西土家族苗族自治州正式更名为恩施土家族苗族自治州，州府恩施市。2005年，将州庆日由12月1日改为8月19日。[④]

---

① 恩施市地方志编纂委员会修订：《恩施县志（1840-1982）》，武汉：湖北人民出版社，2015年，第31-32页。
② 周先旺主编：《中国西部概览·恩施州》，北京：民族出版社，2003年，第14页。
③ 恩施市地方志编纂委员会修订：《恩施县志（1840-1982）》，武汉：湖北人民出版社，2015年，第45页。
④ 周先旺主编：《中国西部概览·恩施州》，北京：民族出版社，2003年，第14页；张全榜主编：《恩施土家族苗族自治州年鉴（2016年）》，武汉：湖北人民出版社，2016年，第35页；恩施州人民政府门户网站：恩施州情概况 http://www.enshi.gov.cn/zq/202007/t20200722_621615.shtml.

二、国土与人口 [①]

全州国土总面积为24060.26平方公里，州境以山地为主，平均海拔1000米，海拔1200米以上的地区占总面积的29.4%，海拔800至1200米的地区占总面积的43.6%，海拔800米以下的地区占总面积的27%。州域东西最宽220公里，南北最长260公里。全州国土总面积约占全省面积的13%，在省内仅次于荆州、襄阳，居第三位，也是全国30个少数民族自治州的第16位。

2019年全州总人口402.1万人，年末全州常住人口339万人，其中城镇常住人口155.47万人，占常住人口的比重（常住人口城镇化率）为45.86%，比上年提高1个百分点。

三、民族分布 [②]

恩施州是一个以汉族、土家族、苗族聚居，以侗族、白族、回族、蒙古族等少数民族散杂居为主要特征的民族自治州。全州除汉族外，还居住着土家族、苗族、侗族、白族、蒙古族、回族、藏族、维吾尔族、彝族、壮族、布依族、朝鲜族、满族、瑶族、哈尼族、哈萨克族、傣族、黎族、畲族、高山族、水族、东乡族、纳西族、土族、羌族、撒拉族、独龙族、珞巴族等28个少数民族。

作为州内主体民族的汉族、土家族，遍布于全州各个县市。土家族主要分布在清江以南地区，即来凤、鹤峰、咸丰、宣恩、利川5个县市，历史上属于湖广土司辖境；此外，恩施、巴东、建始的土家族人数占各县市总人口的25%至30%。1953年，在全国第一次人口普查中，恩施地区填报土家族的有5694人。由于新中国成立后，党和政府十分重视民族问题，组织专家和学者们开展了非常细致的民族调查与识别工作；1982年，国

---

① 数据参见恩施州人民政府门户网站：恩施州情概况 http://www.enshi.gov.cn/zq/202007/t20200722_621615.shtml.

② 张全榜主编：《恩施土家族苗族自治州年鉴（2016年）》，武汉：湖北人民出版社，2016年，第3页；恩施州人民政府门户网站：恩施州情概况 http://www.enshi.gov.cn/zq/202007/t20200722_621615.shtml.

家民委还下发了《湘鄂川黔四省边境邻近地区部分群众恢复土家族成分工作座谈会纪要》，实行加强民族团结、鼓励民族发展的开明政策。1983年5月至7月，恩施州开展民族成分登记，统计有土家族1167103人、苗族177573人、侗族21143人、回族3448人、蒙古族1604人，其他少数民族4286人。

恩施州的苗族历史悠久、分布广泛。一部分是较早迁至西水流域的三苗后裔，自称为"老苗子"；一部分为明清两代逐渐从湘西、黔东北等地迁入的苗民；还有一部分则是近代以来，尤其是新中国成立后，从其他地区迁来的苗族同胞。苗族在恩施州的分布呈现出大杂居小聚居的特点，主要分布在利川、来凤、宣恩、咸丰，4县市的苗族占全州苗族人口总数的90%以上，而且基本上都形成了较大的聚居村落，另外4县市——恩施、巴东、建始、鹤峰，皆有散居人口。

侗族主要分布在恩施、咸丰、宣恩等县市交界的山区。利川部分地区也有侗族分布。

其他少数民族的分布各不相同，回族在全州各县市均有分布；蒙古族主要分布在利川和鹤峰的三家台等地；白族主要分布在鹤峰的铁炉等地；还有一些少数民族则零星地分布于各地。

四、社会经济迅速发展

从1983年至1992年，恩施自治州建州十年，全州基本实现了"解决温饱、培植后劲、为系统开发打基础"的阶段性发展目标，社会经济取得了重大发展。国民生产总值（GNP）由1983年的17.68亿元增加至1992年的31.44亿元，增长率为77.84%；工农业总值从21.06元增加至44.37亿元，增长了1.15倍；农民人均纯收入由256元增加至480元，增幅87.5%；职工年平均工资由766元增加至2167元，增幅182.9%。[①]

从1983年至2002年，恩施州建州已有二十年，全州大胆创新、锐意

---

① 数据参见中共恩施土家族苗族自治州州委、州政府：《立足本地实际 大胆改革开放——恩施自治州建州十周年取得大发展》，《中国民族》1993年第12期，第38页。

改革，社会经济持续健康发展，各项社会事业全面进步。特别是2001年，恩施州与西部12个省、市、自治区以及吉林延边朝鲜自治州、湖南湘西土家族苗族自治州被共同列入西部大开发范围，恩施州获得了发展的战略机遇。2002年，全州国内生产总值（GDP）30.09亿元，比1995年增长88.7%；农业增加值50.59亿元，比1995年增长45%；工业实现增加30.1亿元，比1995年增长97.6%；完成财政收入10.42亿元，比1995年增长81.7%，西部大开发开局良好。人民生活水平进一步提高，2002年全州社会消费品零售总额实现40.31亿元，同比增长8.1%；城镇职工年平均工资达到9581元，比上年增长27.4%；农民人均纯收入实现1465元；城乡居民储蓄存款达53.14亿元，比1995年增长了2倍。[①]

从1983年至2012年，恩施州建州三十年，全州解放思想、锐意进取，使社会经济发展进入新阶段、开创新局面，实现了历史性的跨越。全州生产总值由1983年的9.14亿元增加到2012年的482.19亿元，增长了52倍；地方公共财政预算收入由0.9亿元增加到40.4亿元，增长了45倍；社会消费品零售总额由4.2亿元增加到183亿元，增长了43倍；农民人均纯收入由256元增加至4571元，增长了17倍；城镇居民人均可支配收入由675元增加到15058元，增长了21倍。[②]

党的十九大以来，恩施州的经济更加快速发展，不断稳步提升，在各个领域都取得了可喜的成果，人民安居乐业，民族友好团结，社会稳定祥和。2018年，全州完成地区生产总值1082.31亿元，比上年增长6.2%。按年均常住人口计算，全州人均生产总值达到25848元，增长5.7%。全州全员劳动生产率为人均41503元。2019年，全州完成地区生产总值1159.37亿元，比上年增长6.6%。按年均常住人口计算，全州人均生产总值达到34259元，增长6.1%。全年全州拥有实体市场主体29.36万户，比上年增

---

① 数据参见周先旺主编：《中国西部概览·恩施州》，北京：民族出版社，2003年，第22-24页。

② 数据参见张全榜主编：《恩施州年鉴（2014年）》，恩施土家族苗族自治州史志办公室，2015年，第465-466页。

长13.2%，各类企业、个体工商户、农民合作社发展良好。全年招商引资状况喜人，引入省外资金174.11亿元，比上年增长9.4%，实际利用外资2015万美元，对外贸易进出口总额高达8965.9万美元，增长2%。全年地方财政总收入174.04亿元，比2018年上涨1.7%。[①]

[思考讨论]

1. 结合自身经历和感受，从政治、经济、军事、文化、外交等方面，阐述新中国成立70多年来恩施地区的巨大变化和取得的伟大成就。

2. 了解恩施土家族苗族自治州的建州历程，阐述新中国的政治制度及民族政策等问题。

[案例分析]

本案例是关于恩施解放以来至今的发展历史。包括新中国成立后恩施地区行政建制的变化，国土面积、人口数量、民族分布等情况，以及社会经济的各项进步。从中，可以了解到恩施是如何从一个贫困山区成长为一个人均年生产总值超过3.4万余元（2019年统计数据）的宜居城市的发展历程。旧社会的恩施，人民饱受战乱之苦，国民党政府又滥收苛捐杂税，加之民族歧视和压迫，老百姓的生活痛苦不堪；如今，在中国共产党的领导下，全国各族人民，包括恩施地区的各族百姓，坚定不移地走在中国特色社会主义的道路上，奋发图强、积极进取，既为自己创造出美好的生活，又为中华民族的伟大复兴不断贡献出力量。

结合本案例，可以通过恩施州建立的具体事宜，进一步掌握中华人民共和国成立后各级人民民主政权的建设情况。以及新中国成立70多年来，中国社会从新民主主义革命过渡到社会主义革命，再到社会主义建设时期的伟大历程，透过恩施的变化和发展，深刻了解整个中国社会的巨大进步。

---

① 数据参见恩施州人民政府门户网站：恩施州情概况 http://www.enshi.gov.cn/zq/202007/t20200722_621615.shtml.

一、全国各级人民民主政权的建立

1949年10月1日，中华人民共和国宣告成立，是新民主主义革命取得基本胜利的标志。同时，标志着中国半殖民地半封建社会的终结以及新民主主义社会的建立。新民主主义革命推翻了帝国主义、封建主义、官僚资本主义的"三座大山"，彻底完成了近代以来中国人民反帝反封建的历史任务，建立起以中国工人阶级为领导的各个革命阶级联合专政的新民主主义社会，并继续实现由新民主主义向社会主义的过渡。

随着解放战争的节节胜利，各地在新中国成立之后的第一要务就是接收旧政权、建立新政权。新政权的建立经历了三个步骤：第一步，建立军事管制委员会，安定新解放地区的局势；第二步，协商产生临时性政权；第三步，召开各界人民代表会议，选举产生正式的政权。[①]

首先，为什么要实行军事管制？一是要摧毁旧政权，二是要应对特务、土匪、恶霸等。所以，建立军事管制委员会是根据人民解放战争仍在进行中的特殊情况所决定的，是为了维持社会秩序、镇压反革命而实行的一种具有军事色彩的地方过渡性政权。

其次，随着反革命力量的削弱，开始由军管会向人民政府的过渡。最早建立了六大行政区，分别是华北人民政府、东北人民政府、华东军政委员会、中南军政委员会、西南军政委员会、西北军政委员会。此外还包括1949年9月30日成立的中央人民政府。

再次，就是在中共中央领导下建立地方各级人民政府。取消了"大行政区"人民政府，一律改为行政委员会，领导和监督地方政府。逐步形成了省政府（直辖市、民族自治区）、市政府（州政府）、县政府（县级市、县级区）、乡政府（镇政府）四级地方行政机关。

以湖北恩施为例，人民政权初建阶段，在恩施军政委员会的领导下，有序开展了以下四项工作：第一，大力宣传党的政策，号召商人开市营

---

① 谢春涛：《历史和人民为什么选择中国共产党——学习习近平总书记"七一"重要讲话精神》，《人民日报》2016年7月6日，第009版。

业，动员工人恢复生产；第二，征粮借粮，支援前线；第三，缴收武器弹药；第四，稳定市场物价，统一币制，安定社会秩序。[①]1949年5月20日，中共湖北省委、省人民政府、湖北省军区相继成立，党中央抽调一批干部组成湖北地方行政工作队并按地区编为大队。伴随着鄂西南战役的胜利，11月7日，也就是恩施解放的第二天，工作队就陆续进入恩施城。随着恩施县城的解放，恩施县人民政府（恩施军政委员会）也同时宣告成立，全面工作由县委统一指挥调度，具体工作则由政府出面。11月10日，恩施县人民政府公安局成立。恩施各区人民政府相继成立。在恩施解放不太长的时间内，县、区、乡行政机构迅速建立，并开始行使政府权力。时任湖北省军区政治部副主任的李人林，担任了恩施地区工作大队政委职务，在11月20日庆祝解放恩施的联欢大会上着重强调了三项任务：第一，消灭反动武装，安定社会秩序；第二，克服一切困难，支援前线；第三，积极恢复和发展生产，改善劳资关系、租佃关系。[②]1950年1月14日，召开了恩施县第一次各界人民代表会议，参会代表280人，包括工人、农民、工商、教育各界人士，以及开明士绅，其中，农民代表的人数最多。会上明确了今后一段时间的任务是：清匪反霸；保证公粮入库；加强生产，度过春荒。[③]

从中可以看到，第一，新政权的参与者来自各行各业、方方面面，实现了最广泛的民主，因此也受到人民群众发自内心的拥护和支持；第二，新政权的建立非常谨慎，从军事管制委员会到临时政权，再到正式政权；第三，解放之初，任务艰巨。

二、新中国成立后中国社会的发展进程

1. 社会主义改造的七年

从1949年10月1日新中国成立，至1956年底"三大改造"基本完成，

---

① 张树林：《回忆恩施山城解放的前前后后》，《湖北文史》2007年第1期，第86-89页。
② 张树林：《回忆恩施山城解放的前前后后》，《湖北文史》2007年第1期，第87页。
③ 张树林：《回忆恩施山城解放的前前后后》，《湖北文史》2007年第1期，第89页。

是社会主义改造的七年。

建国初期，为了巩固新生的政权，对外进行抗美援朝，对内镇压反革命、实现了西藏的和平解放，同时又进行了土地改革，建立起各地各级人民政府，逐渐恢复和发展了国民经济。恩施地区也主要以开展清匪反霸、镇压反革命、土地革命、支援抗美援朝等运动为主。恩施解放后，至1950年底，经过大小战斗364次，基本肃清了匪患；全区共逮捕、打击土匪、恶霸、特务、反动党团骨干、反动会道门头子共计16000余名。恩施地区的土地改革运动从1951年1月开始，至1952年底结束，无地农民分得土地230万亩和大量的耕牛、农具、房屋。同时，恩施人民积极响应党中央抗美援朝的号召，在反对美国侵略、保卫世界和平游行集会活动中共有324330人在和平宣言上签名。全区有18210名青年报名参军，8937人入伍，1950年10月前有1436人参加志愿军入朝作战，牺牲104人。恩施人民为支援抗美援朝，捐款31亿1000万元（旧币），可购买两架战斗机。[①]

1953年至1956年，恩施地区也进行了对农业、手工业、资本主义工商业的社会主义改造，实现了把生产资料私有制转变为社会主义公有制的变革。

2. 全面建设社会主义的十年

从1956年社会主义改造基本完成，至1966年"文化大革命"的发生，是中国全面建设社会主义的十年。

1956年召开了中国共产党第八次全国代表大会，将在新的生产关系下保护和发展生产力作为当前国家发展的根本任务，为社会主义事业和党的建设指明了正确的方向。

但之后，由于极"左"路线的影响，发生了1958年至1960年的"大跃进"和人民公社化运动，导致了国民经济比例的大失调，造成了1959年至1961年的严重经济困难。1958年8月，恩施地区的人民公社运动大规模

---

① 觅施南网，建国初期的恩施：https://www.mishinan.cn/esgk/1651.html.

开展起来，至10月，就建立了107个人民公社。在公社"吃饭不要钱，按月发工资"，恩施全区普遍兴起了大办食堂之风。1960年下旬，恩施大旱，导致粮食大减产，人民生活陷入困难。

1962年中共中央召开"七千人大会"，纠正了"左"的错误，国民经济转入1962年至1965年的三年调整时期。全面建设社会主义的十年可以说是在探索中曲折前进的十年。

3."文化大革命"的十年

从1966年至1976年，是"文化大革命"的十年。"文化大革命"是由领导者错误发动，被反革命集团利用，给党、国家和各族人民带来严重灾难的内乱。"文化大革命"十年间，人民生活水平基本上没有提高，中国经济遭到严重损失。其根本原因就是在"左"的错误思想的指导下，放弃了发展生产力、发展商品经济、实行按劳分配、引进外国先进技术等原则和做法，大搞平均主义。结果是，人们生产热情低落、科技进步缓慢、经济效益大幅下降。

恩施地区的社会经济也深受"文革"十年的影响。由于1967年1月30日造反派夺权，湖北省恩施专员公署陷于瘫痪，改由恩施军分区成立抓革命促生产办公室，1968年又成立了湖北省恩施地区革命委员会，直至1978年方被废除。

4.改革开放和社会主义现代化建设的新时期

从1978年12月党的十一届三中全会召开以来，中国进入改革开放和社会主义现代化建设的新时期。恩施在1983年8月19日，被国务院批准成立鄂西土家族苗族自治州，后于1993年4月更名为恩施土家族苗族自治州。特别是建州以来，以及在改革开放的正确指引下，恩施州的政治、经济、文化、教育等各项事业发生了巨大的变化，取得了显著的成就。

5.中国特色社会主义进入新时代

中国人民经过长期不懈的努力，中国特色社会主义进入了新时代，恩施也迎来了发展的新机遇。恩施虽然地处山区，基础薄弱，但能够因地制宜，解放思想，创新机制，社会经济得到长足发展。尤其是脱贫攻坚工作，取得了喜人的成绩。2013年，恩施州8个县市都有国家级贫困县，贫困人口109万人，占全州人口的近三成。至2018年底，宣恩、来凤、鹤峰摘掉了贫困县的帽子，89万贫困人口告别绝对贫困，全州贫困发生率由30.61%下降至5.83%。[1]2019年，恩施州聚焦综合施策，脱贫攻坚取得重大进展，贫困发生率下降至0.23%。[2]2020年是我国脱贫攻坚战的决胜年，恩施地区也顺利完成"全部消除绝对贫困的目标"。2021年，恩施人民将继续奋斗，巩固脱贫成果，努力实现乡村振兴。

[教学建议]

本案例适用于《中国近现代史纲要》（2021年版）第八章第二节"党在过渡时期的总路线及其实施"、第三节"社会主义基本制度的确立"及第四节"社会主义建设的良好开端"部分的辅助教学。

---

① 阮璐：《今年恩施州脱贫攻坚战这么打——150个村20万人摘掉"贫困帽"》，《恩施日报》2019年1月20日。

② 李忠斌、陶昌银、文晓国：《决胜脱贫攻坚的恩施经验》，《贵州民族报》2020年8月18日，第A1版。

案例 3：从交通看恩施地区社会主义的建设与发展

[教学目标]

1. 以恩施地区的交通发展和变化为切入点，了解恩施地区社会主义的建设与发展，了解在社会主义建设过程中所遇到的具体问题和困难，了解社会主义建设发展中的曲折性和前进性。

2. 通过对1956年到1976年这段历史的学习，明白中国共产党在探索建设社会主义道路的过程中，取得了很大的成就，也经历了巨大的挫折，这些挫折给党和人民带来了巨大的损失，但是也为中国人民探索建设有中国特色的社会主义道路，提供了必要的经验和教训。

[案例呈现]

交通与人们的生活、经济的发展息息相关，社会进步离不开交通的便利。在漫长的古代社会，受制于自然地理环境的限制和生产力水平的相对低下，人们的生产、生活、交通活动的范围十分有限，反过来又限制了社会经济的进一步发展；近现代以来，伴随着科技的进步，交通工具日新月异，社会经济逐步提高，历史车轮不断向前。交通与经济的关系深刻地体现在恩施地区的变化与发展之中，尤其是在新旧中国的不同制度下，交通的变化极大地改变着恩施地方的经济面貌。

一、"地无三尺平，人无三分银"的旧恩施

恩施是中原与大西南之要冲，有"川蜀咽喉，荆楚屏障"之称，战略位置十分重要。但由于地处云贵高原的东延部分，由大巴山—巫山、武陵山、大娄山三大山脉共同构造而成，境内有"较大型山、丘、峰361座，

呈成群山体"①，平均海拔1000米以上，素有"天无三日晴，地无三尺平，人无三分银"之说。历史上，由于恶劣的地理条件，交通十分闭塞，运输工具落后，基本上依靠的是肩挑背扛的人力运输。

封建时代，从宋元开始，才形成向外交通的大道，并逐步建立驿站；至明清，方形成驿运网络。清代宣统元年（1909年），恩施境内有驿道24条，递铺（即驿站）114个，全长1596公里。宣统三年（1911年），清廷设立邮传部，驿运消亡。②

近代历史上，国民党政府曾于1933年在恩施修建机场，1938年竣工，但主要是用于军事用途。1935年冬至1936年夏，修建了来凤机场。1935年3月，始修公路，即巴东至恩施及咸丰石门坎公路（巴石公路），于次年10月通车，系恩施境内第一条简易公路，后又建成咸丰至来凤段公路，两条公路总长396公里。1940年10月，由于恩施成为湖北省政府临时首府，湖北省驿运管理处也在恩施成立，重又开办驿运业务。抗战胜利后，随着省政府回迁武汉，恩施地区的交通运输随即萧条。③其间，还有两条半途而废的公路。一条是1939年冬拟修建的巴柯公路（巴东江北至均县柯家营），由于抗战局势日益紧张，为了以防连接鄂西、鄂北的唯一交通要道襄沙公路（襄阳至沙市）被日军截断，国民党湖北省政府与五战区长官司令部协商，预备修筑巴柯公路，以便连接五六两个战区，确保军用物资运输畅达。但由于工程艰难，耗资巨大，终未实现。此后，仅用一年时间修成311公里的人行道。另一条是绿资公路（巴东绿葱坡至长阳资丘），1945年为了抗战需要，国民党第六战区长官司令部抽调川东、湘西和鄂西数万民工修建绿资公路，同样因为工程艰巨，加之抗战胜利而放弃，仅留

---

① 恩施市地方志编纂委员会修订：《恩施县志（1840-1982）》，武汉：湖北人民出版社，2015年，第64页。
② 周先旺主编：《中国西部概览·恩施州》，北京：民族出版社，2003年，第89-90页。
③ 周先旺主编：《中国西部概览·恩施州》，北京：民族出版社，2003年，第90页。

下堆填的一些土方。[①] 国民党统治恩施38年，仅修公路396公里，平均每年修10.4公里。公路上行驶的车辆极少，1949年国民党军队溃逃时，又掳走了原湖北省公路局恩施办事处的全部车辆，并炸坏了机具设备，只留下两条千疮百孔难以行车的公路。[②]

二、"崇山峻岭变通途"的新恩施

1949年新中国成立后，党和政府深切关注"老、少、边、山、穷"地区经济的发展和人民的生活，将改善地方交通运输状况当作大事来抓。人民政府开始有计划、有步骤地恢复和改善公路交通。第一项举措就是颁布保护公路"六条措施"，并组织人员修桥补路，支援解放军解放大西南的战斗。1950年春，恩施专区8县迅速动员14余万名民工挑担拿锄、自备工具，奔赴桥梁、公路沿线，经过广大人民群众的日夜奋战，巴石、咸来公路上的93座桥梁，全部修复完好。[③]

1954年10月，恩施专署又动员和组织恩施、利川、咸丰、宣恩等4县民工两万四千余人修建恩利公路（恩施至利川）。当时是寒冬腊月，但人民群众不惧严寒，充满干劲，经过三个多月的苦战，终于完成了新中国成立后恩施人民在中国共产党的领导下修成的第一条公路，这是人民的公路。1958年至1959年，在"全党全民大办交通"的号召下，恩施各地掀起了大规模的群众性修路运动，仅1958年就新修公路60余条，共计400多公里，接通了来凤至鹤峰县城，实现了县县通公路，2/5的区通公路。1959年，民工1万余人，苦战100天，改善了巴石公路的巴恩段。1960年至1962年，三年自然灾害期间，恩施地区各族人民克服艰难险阻，坚持

---

① 侯礼新：《鄂西交通40年》，鄂西自治州政协文史资料委员会、鄂西自治州交通局合编：《鄂西文史资料（第十、十一合辑）——崇山峻岭变通途》，1992年，第3-4页。
② 侯礼新：《鄂西交通40年》，鄂西自治州政协文史资料委员会、鄂西自治州交通局合编：《鄂西文史资料（第十、十一合辑）——崇山峻岭变通途》，1992年，第1页。
③ 侯礼新：《鄂西交通40年》，鄂西自治州政协文史资料委员会、鄂西自治州交通局合编：《鄂西文史资料（第十、十一合辑）——崇山峻岭变通途》，1992年，第2页。

筑路架桥。[①]1969年，大力进行公路、桥梁改造，实现桥梁永久化。[②]1970年，完成恩施境内6条主要公路的修建，总长272.21公里。[③]

1975年，鄂西人民冲破"四人帮"的束缚和干扰，组织起5万多名筑路大军，经过三年的艰苦奋战，修成了汉鱼公路（汉口至利川鱼泉口，后改称318国道）。这条公路长315公里，为三级路面，横贯州府东西，沟通4个县（市）、11个区（镇）、20多个乡（镇），大大缩短了恩施至武汉、宜昌、重庆的陆地距离。[④]1975年，恩施全境公路里程达3879.3公里，拥有桥梁556座计10971.6米，其中永久性桥梁506座计10286.5米。[⑤]

此外，随着公路交通的不断进步，汽车运输业也迅猛发展起来。1975年全恩施拥有客货车1196辆，其中货车934辆，客车78辆，年完成客运量125.2万人次，货运量27.9万吨。[⑥]

三、"愚公移山精神"在恩施

新中国成立以来，恩施各族人民充分发扬"下定决心，不怕牺牲，排除万难，去争取胜利"[⑦]的愚公移山精神，立足山乡、迎难而上、不畏艰险、踏实耐劳，为了恩施的发展，逢山开道、遇水造桥，使恩施的交通事业在党的领导下，在社会主义制度的保障下，发生了翻天覆地的变化，取得了举世瞩目的成就。正是在一代又一代恩施"愚公"的努力下，随着交通运输的发展，恩施人民逐渐从肩挑背驮的"山里人"成为坐车渡船的"城里人"，逐渐从贫穷走向富裕。然而，这样的成就是人民用生命和汗水

---

① 侯礼新：《鄂西交通40年》，鄂西自治州政协文史资料委员会、鄂西自治州交通局合编：《鄂西文史资料（第十、十一合辑）——崇山峻岭变通途》，1992年，第2页。
② 周先旺主编：《中国西部概览·恩施州》，北京：民族出版社，2003年，第90页。
③ 恩施市地方志编纂委员会修订：《恩施县志（1840-1982）》，武汉：湖北人民出版社，2015年，第140页。
④ 侯礼新：《鄂西交通40年》，鄂西自治州政协文史资料委员会、鄂西自治州交通局合编：《鄂西文史资料（第十、十一合辑）——崇山峻岭变通途》，1992年，第2页。
⑤ 周先旺主编：《中国西部概览·恩施州》，北京：民族出版社，2003年，第90页。
⑥ 侯礼新：《鄂西交通40年》，鄂西自治州政协文史资料委员会、鄂西自治州交通局合编：《鄂西文史资料（第十、十一合辑）——崇山峻岭变通途》，1992年，第3页。
⑦ 毛泽东：《毛泽东选集（第三卷）》，人民出版社，1991年，第1101页。

换来的。

1954年，在修筑恩利公路时，时值隆冬，天气异常寒冷，3个月的工程，就遭遇了60多个雨雪天。恩施地区经济不发达，老百姓的生活条件都不好，但即便是在这样的情况下，2万多民工踊跃报名参加公路建设。即使他们缺衣少被，只能睡茅草棚，但为了如期完工，人人都是奋勇争先。1975年，修筑汉鱼公路时，线路要穿越海拔1690米的齐岳山，"野羊不走，猿猴难攀"的燕子洞，"鸟雀难展翅"的鹰子咀等险恶地段，还有不少地段切岩高达70米以上。即便是如此天险，也没有让恩施人退步。民工们腰系尼龙绳，在悬崖峭壁上掌钢钎，打炮眼。全长315公里的鄂西路段，就是依靠着这种土办法，硬生生在悬崖峭壁上开辟出25处通道。为了这条公路的修建，94位年轻的民工，献出了自己宝贵的生命。①

新中国成立四十年的时间里，恩施各族人民为了筑路修桥，共有581人献出了宝贵的生命，仅鹤峰县就有113人。在鹤峰境内，每修4公里路就有一位烈士长眠于此。公路沿线矗立着一座座筑路英雄纪念碑，就是对他们永恒的怀念。②

[思考讨论]

1. 以恩施地区的交通变化和发展为例，阐述在社会主义建设时期我国所面临的困难有哪些？人民群众为解决发展问题付出了怎样的努力，并取得了哪些探索成果和建设成就？

2. 结合恩施交通建设的历史进程，谈谈在社会主义建设时期的经验和教训。

[案例分析]

1956年社会主义制度在中国全面确立，我们开始进入全面建设社会

---

① 侯礼新：《鄂西交通40年》，鄂西自治州政协文史资料委员会、鄂西自治州交通局合编：《鄂西文史资料（第十、十一合辑）——崇山峻岭变通途》，1992年，第4页。

② 侯礼新：《鄂西交通40年》，鄂西自治州政协文史资料委员会、鄂西自治州交通局合编：《鄂西文史资料（第十、十一合辑）——崇山峻岭变通途》，1992年，第8页。

主义的历史阶段。这一年，召开了中国共产党第八次全国代表大会，将在新的生产关系下保护和发展生产力作为当前国家发展的根本任务，为社会主义事业和党的建设指明了正确的方向。但之后，由于极"左"路线的影响，发生了1958年至1960年的"大跃进"和人民公社化运动，导致了国民经济比例的大失调，造成了1959年至1961年的严重经济困难。中共中央于1962年召开扩大会议（即"七千人大会"）对"左"倾错误进行纠正，在此基础上，国民经济从1962年至1965年得到恢复和发展。此后，"文化大革命"的十年再次给中国社会和经济带来严重损失。

本案例描绘了恩施交通从"地无三尺平"到"崇山峻岭变通途"的转变，尤其是自新中国成立以来至改革开放前夕，恩施地区的交通变化以及对当地社会经济发展所产生的巨大效益。恩施地区交通与运输事业在十年建设时期取得了关键性的发展，也是中国全面建设社会主义历史时期的一个侧面和重要参照。在中国，有一句全民皆知的话，"要想富，先修路"。这是1984年，时任四川眉山县县长的徐启斌，在带领全县人民进行致富时所提出来的。他是当时在四川省第一个率领群众改造公路的县长，他领导群众加宽了当地的公路并修建了眉山岷江大桥，被老百姓亲切地称为"路县长"。①而实际上，在全面建设社会主义时期，人们就已经开始关注到交通问题对社会生活及经济建设的巨大影响。以恩施交通的变化和发展为例，从社会主义建设的开端、在探索中曲折前进两个方面，了解以交通所折射的社会主义建设的全貌。

一、社会主义建设的开端

万事开头难，社会主义我们之前没搞过。所以，新中国成立之初，我们只能向苏联老大哥学习，甚至是照搬苏联经验。学习先进经验当然是必要的，但却不是长久之计，最大的问题就是缺乏独立性和创造性。实际上，我们也知道，苏联模式的缺点是高度集中、管得过死，生产单一化。

---

① 张召国、萧禾:《徐启斌，一个真正的人民公仆》,《中国水利》1994年第6期，第51-52页。

因此，随着"一五"计划的完成，新的问题就是如何探索出符合中国情况的发展道路。1956年4月初，在中共中央书记处会议上，毛泽东提出了要将马克思主义与中国实际"第二次结合"的观点。经过几个月的调研，毛泽东形成了《论十大关系》的报告。初步总结了我国社会主义建设的经验，提出了探索适合我国国情的社会主义建设道路的任务。

案例中，恩施交通的发展历程正是在社会主义基本制度的保障下，因地制宜开拓和发展的结果。恩施地区，由于气候与地形的因素，交通运输一直都不发达。加上"三座大山"的重压，人民生活困苦。近代历史上，中国的现代交通运输业长期为资本—帝国主义列强所控制。所以，正如案例所言"国民党统治恩施38年，仅修公路396公里，平均每年修10.4公里。"而国民党军队溃逃时，对公路交通及车辆工具等进行了大肆的破坏。因此，新中国成立之初，党和政府就将恢复交通运输作为头等大事来抓，"一五"计划中就有关于"发展交通运输业"的规定。恩施地区响应国家号召，以发展公路运输为主，促成了全州交通建设的大发展，开启了鄂西山区社会主义建设的开端。其间，除了恢复旧有的公路和桥梁等，1954年，修成了恩利公路，成为恩施人民在党领导下修筑的第一条公路。

二、在探索中曲折前进

1957年9月20日至10月9日召开的中共八届三中全会，不仅错误地认定阶级斗争是当前社会的主要矛盾，还通过了农业发展纲要四十条，实际就是农业"大跃进"的纲领。原因是，由于"一五"计划的提前完成，激发了全国人民想要在短时间内彻底改变国家"一穷二白"面貌的斗志，于是滋长了党内冒进思想，开始急于求成。在此基础上，出现了1958年至1960年间，以高指标、瞎指挥、浮夸风和"共产风"为主要标志的"左"倾错误严重泛滥，也就是"大跃进"运动。其间，1958年的大炼钢铁运动，提出了"以钢为纲，全面跃进"的口号，为了实现"生产1070万吨钢而奋斗"的目标，在全国范围内掀起了全民炼钢的热潮，造成人力、物力、财力的极大浪费，严重削弱了农业，冲击了轻工业和其他事业，造成国民经济比例失调，也影响了人民生活，挫伤了群众的积极性。

1958年8月，中央召开北戴河会议，提出积极运用人民公社形式，建设社会主义的指导意见。人民公社的基本特点是"一大二公"，"大"，就是规模大，一个公社少则四五千户，多则一两万户；"公"，就是公有化程度高。其结果是造成了绝对的平均主义，既损害了人民的利益，也不符合农村生产力发展的实际水平。虽然在"大跃进"和人民公社化运动的过程中，毛泽东也觉察到并实际开始纠正"左"倾错误。但由于1959年的庐山会议，使纠"左"进程被中断。庐山会议上毛泽东错误地对彭德怀进行了尖锐的批判，并做出《关于以彭德怀同志为首的反党集团的错误的决议》，随后，全党范围开展了"反右倾"斗争。由于"大跃进"和"反右倾"斗争的错误，加上自然灾害和苏联政府撕毁合同、撤走专家，造成了1959年到1961年中国国民经济的严重困难。1960年，开始对国民经济进行调整，并纠正"左"倾错误。1962年1月召开七千人大会，总结了"大跃进"的经验教训。刘少奇对"大跃进"严重后果的反思是"三分天灾，七分人祸"。

1966年5月至1976年10月的"文化大革命"，给党、国家和各族人民带来严重灾难。其根本原因，是在"左"的错误思想的指导下，放弃了发展生产力、放弃了发展商品经济、放弃了实行按劳分配、放弃了引进外国先进技术等原则和做法，导致人们的生产热情低落、科技进步缓慢、经济效益大幅下降、民主和法制遭到破坏，给社会主义建设事业带来严重损失。

即便是受到"大跃进"和"文化大革命"严重挫折的影响，但社会主义建设的各项事业仍然取得了巨大的成就。1952年到1978年，工农业总产值平均年增长率为8.2%，其中工业年均增长11.4%。最重要的是从根本上解决"从无到有"的问题，也就是基本建立了独立的、比较完整的工业体系和国民经济体系，为中国社会主义建设及各项事业的发展奠定了物质基础和前提。这一时期，特别是在铁路、交通运输等基础设施的建设方面，取得了较为快速的发展。以案例中恩施地区的交通运输为例，1958年至1959年，在"全党全民大办交通"的号召下，开展了大规模的群众性修路运动，仅1958年就新修公路60余条，建成400多公里；汽车运输也得到飞速发展，至1975年，全州拥有客货车共计1196辆，达成年客运量125.2万人次、货运量27.9万吨的成绩。

恩施地区原本自然条件限制较多，经济并不发达，交通建设更是起点低、困难多。但恩施人民自力更生、艰苦奋斗，在中国共产党的领导下、社会主义制度的保障下，克服一切自然险阻和社会动荡，迎难而上，哪怕牺牲自己的生命，以吃大苦、耐大劳的精神，取得了巨大的历史成就。恩施地区的交通发展，乃至湖北全省整体社会经济的进步，是中国全面建设社会主义以来经济发展的一个侧写，充分展示了中国人民的探索精神、创新精神和奋斗精神。

[教学建议]

本案例适用于《中国近现代史纲要》（2021年版）第八章第二节"社会主义基本制度的确立"、第四节"社会主义建设的良好开端"及第五节"社会主义道路的艰辛探索和曲折发展"部分的辅助教学。

第九章

改革开放与中国特色社会主义的开创和发展

案例 1：老易家的票证

[教学目标]

1. 以老易家的票证为线索，了解普通中国农村家庭的生活状况，了解国家政策对人民生活的影响，特别是改革开放以来，在广大农村地区所发生的巨大变化。

2. 通过对改革开放以来中国所取得的建设成就的学习，增强学生热爱家乡、建设家乡的信念以及对国家和民族的自豪感。

[案例呈现]

2008年11月20日，为了总结和回顾恩施地区改革开放三十年以来所取得的巨大成绩，恩施市政协召开了由社会各界政协委员参加的座谈会，围绕着乡村建设、城乡经济的发展、科教文卫等各项事业，畅谈改革开放三十年来恩施的变化。会后将各位委员的发言以书面形式呈现在《恩施文史资料（第20辑）恩施市政协纪念改革开放三十周年文集》之中，以供学习。[①] 其中一篇王金传委员的发言《从老易家的票证看农村三十年变化》，讲述了一位普通老人易光凤平凡家庭生活的故事。在中国，无论城乡，像易光凤老人一样，将几十年生活中的证件、票据收藏起来的普通人还有很多，这些票证虽然已经失去了当年的实用价值，但却由于时间的沉淀，为

---

① 恩施市政协文史资料委员会编印：《恩施文史资料（第20辑）恩施市政协纪念改革开放三十周年文集》"前言"，2008年。

它们赋予了新的意义。它们不仅记录着我们普通人生活的变迁，更是对大时代下中国社会不断向前发展的最好佐证。小小的票证，既承载着中国人对时代和生活的记忆，也表达了我们对美好生活的向往和追求。让我们跟随王金传委员的脚步，去认识易光凤老人一家，了解这个恩施普通农民家庭改革开放三十年来所发生的故事。

易光凤的家在恩施市龙凤镇大转拐村，王金传委员见到老易的时候，他60多岁，十分健谈。听说了来意，便将家里大大小小、花花绿绿的各种票证拿了出来，还打开了话匣子："这都是些票证，保管几十年了，搬了几次家还弄丢了一些。"看到一张粮票，老易感慨万千："早些年代，搞的是人民公社，吃的是大锅饭，社员天不亮就出工，活路靠队长安排，晚上还打起火把算工分，一天出工不出力，从早到晚磨洋工，生产没有积极性，田里杂草长得比庄稼还要高，粮食产量很低，挣的工分不够口粮，小队里要给大队里交任务，剩下的粮食才按工分和人口分配，人平分到的口粮一年只有250斤，没有几家吃饱饭的。那个年代，什么都买不到，所有的东西都凭票，粮票、布票、油票、火柴票、肥皂票、酒票等。就说这粮票嘛，是最管用的，出门离了它就是有钱也得不到饭吃。布票最紧张的时候人平发三尺，要两个人的票才能做一件衣服，一年忙到头，过年时才能给小孩缝一件新衣服，都是一般的蓝布，没得色彩，没得花纹。看到别人穿着的确良、的确卡都羡慕死，觉得了不起。我喜欢喝酒，一年才供应三斤野生酒，又苦又辣，喝了打脑壳。那个时候就是有票，买的时候也得排起长队，你挤我我挤你，怕轮到自己没有货物买了。唉，那个日子真是叫人没法活。"[1] 作为改革开放前后的亲历者，老易用自己的亲身感受描述了计划经济时代人们生活的窘困。

随着改革开放的到来，每一位普通的中国人都逐渐感到了生活的巨大变化。1982年12月，恩施各县市普遍推行家庭联产承包责任制，老易家

---

[1] 王金传：《从老易家的票证看农村三十年变化》，恩施市政协文史资料委员会编印：《恩施文史资料（第20辑）恩施市政协纪念改革开放三十周年文集》，2008年，第31—32页。

承包了5.5亩耕地，粮食产量逐年提升，家里罕见有了余粮。1984年，老易得到了政府颁发的《自留山证》，自留山是按照国家政策和农户家庭的经营能力，将荒山划拨给各农户的一种经营方式。农户可以在自家自留山上种树，林权归农户个人，但山权仍归国家或集体所有。1985年，国家取消了粮油统购统销政策，改为合同定购。按照老易家的《合同定购粮交售证》，1986年，需要向国家缴纳小麦55斤，玉米40斤；1987年，需要缴纳小麦35斤，油菜籽50斤，玉米的收购价是0.2212元。20世纪90年代，国家为了维护农民群众的合法权益，在农村推行农民负担监督卡制度。1998年以后，老易家也有了《农民负担监督卡》，记载着每年要缴纳的农业税、特产税、三提留、五统筹等各种税费，核算下来，平均每亩需要纳税70元，人均接近100元。正是在国家政策的保障下，像老易一样的农民家庭逐渐过上了吃穿不愁的好日子，不仅过年杀得起年猪，还建起了钢筋水泥的新房子。①

　　2002年召开了党的十六次全国代表大会，提出了全面贯彻"三个代表"重要思想的根本要求，人民群众的生活又迈上了新台阶。由于国家实行税费改革，取消了特产税和屠宰税，把三提五统改成了农业税附加，大大减轻了农民的负担。老易家《农民负担监督卡》上的内容也有了变化，每年只需要向国家缴纳116元的农业税及其附加，任务比以前降低了一半以上。2005年，易家获得了《土地承包经营权证》，对农村承包的耕地进行了二轮延包，保持"三十年不变"，稳定了农村土地承包的经营关系。2006年，国家全面取消农业税，易家向国家缴纳税费的票据到此为止。同年，由于退耕还林，易家退还了2亩坡耕地，种上了经济林木，并获得《林权证》和《退耕还林农户粮食补贴证》，还能领取每年460元的补贴。此外，易家因为符合国家计划生育奖励政策，获得《计划生育奖励扶助光荣证》，每年还可领取1200元奖金。家里五口人都参加了新型农村合作医

---

① 王金传：《从老易家的票证看农村三十年变化》，恩施市政协文史资料委员会编印：《恩施文史资料（第20辑）恩施市政协纪念改革开放三十周年文集》，2008年，第32-33页。

疗，又得到了《新型农村合作医疗证》。2007年，老易的老伴因病住院花去2000余元，国家就报销了1200余元。2008年，老易家又有了一张农村信用社"一卡通"存折，每年能得到国家的补贴总额上千元。老易的儿子领取了《独生子女证》，还办了农用车《驾驶证》。①

一张张票证见证了像易光凤老人一样的中国农民家庭生活的变迁，也见证了我国社会经济日新月异的发展，未来，票证的形式会不断发生变化，票证的内容也会与时俱进，但不变的是老百姓对美好生活矢志不渝的期盼，也是中国共产党领导中国人民持续走在康庄大道上的目标。

[思考讨论]

1.通过对老易家票证的了解，试着解读各种票证所产生的时代背景和历史阶段，了解票证所反映的国家发展情况及社会政治经济状况。

2.通过对票证的梳理，考察像老易一家一样的普通中国家庭的生活状况，尤其是改革开放对人们生活水平的提高和生活方式的改变带来的影响和作用？

[案例分析]

"票证"是计划经济时代的产物。改革开放前，我们实行的是计划经济体制，是基于建国初期物资极为匮乏以及需要集中人力、物力、财力进行社会主义建设所采取的一种经济运行机制。"票证"是在商品供给十分不足的情况下，国家为了确保供需平衡，对老百姓的衣食住行等需求，采取有计划地供应，按人员数量定量发行的专用购买凭证。例如需要凭粮票购买粮食、凭油票购买食用油、凭布票购买布料等。票证种类繁多，基本可分作"吃、穿、用"三大类，但下辖种类非常具体多样。以"吃"为例，除了基本的粮票、油票外，肉票会按照猪、牛、羊、鸡、鸭、鱼等各自发行，菜票等也是按照不同的种类发行。"票证"从"一五"计划开始使用，

---

① 王金传：《从老易家的票证看农村三十年变化》，恩施市政协文史资料委员会编印：《恩施文史资料（第20辑）恩施市政协纪念改革开放三十周年文集》，2008年，第33-34页。

直到20世纪90年代方才逐步退出中国的历史舞台。可以说，一部票证史就是中国经济不断变化发展的历史，"票证"也见证了中国社会从计划经济体制向市场经济体制的转变，见证了中国改革开放的历史和成就。

本案例是关于恩施一位普通农民易光凤老人的故事，易家收藏着各种票证，这些票证成为我们了解中国社会主义建设史、中国经济发展史、中国农村发展史、中国改革开放历史的重要媒介，也是中国人民艰苦奋斗、开拓创新历史的重要见证。借助案例内容，可以帮助解决以下四个问题：

一、中国为什么必须实行改革开放？

"文化大革命"使中国经济遭到严重损失，生产力得不到发展，人民生活水平没有提高，"吃穿住用"方面全面紧缩。以"粮食人均消费量"为例，"文革"结束的时候，1976年是380.56斤，仅比"文革"开始时1966年的379.14斤，多出1.42斤，反而比"一五"计划完成时1956年的408.58斤，还少了28.02斤。

案例中，易光凤老人的一番感慨，"早些年代，搞的是人民公社，吃的是大锅饭……人平分到的口粮一年只有250斤，没有几家吃饱饭的。那个年代，什么都买不到，所有的东西都凭票，粮票、布票、油票、火柴票、肥皂票、酒票……"充分说明计划经济体制下，人民生活的困难和不便。平均主义、大锅饭严重挫伤了人民群众的生产积极性；社会生产力水平低下，物资供给严重不足，无法满足人民群众日益增长的物质生活需要。

随着我国社会主义建设事业的不断发展，人民群众对生活水平的要求也必然伴随着社会的进步不断提高。而长期以来受到"左"的错误思想影响下的中国经济发展难有突破，尤其是"大跃进""文化大革命"等运动更是给城乡经济发展、人民生活带来极大的困难；加之20世纪六七十年代，我们周边的一些国家和地区，在经济上得到飞速发展，例如有"亚洲四小龙"之称的中国香港、中国台湾、新加坡和韩国，短时间内实现了经济腾飞，成为亚洲经济比较发达、人民收入较高的国家和地区；此外，我们与西方发达国家的经济差距继续拉大，例如与20世纪70年代的美国相比，我们鲜有高楼大厦和川流不息的私家汽车，而在美国的普通家庭中，家家几乎都有汽车，冰箱、洗衣机、电视机、电话等的普及率超过80%，这在当时中国的家庭中是不敢想象的。

所以，在这样的状况之下，走改革开放的道路是大势所趋、是人民的要求、也是时代的需要。

二、中国人民是如何开启改革开放历史进程的？

1976年10月，"四人帮"被粉碎，挽救了党和国家的事业。但是，仍然有人坚持"文化大革命"错误的理论和实践，典型的表现就是提出了"两个凡是"的错误方针。所谓"两个凡是"指的是：凡是毛主席做出的决策，我们都坚决维护；凡是毛主席的指示，我们都始终不渝地遵循。而当时的国家主席华国锋对"两个凡是"也是坚持的。受到"左"的思潮的长期影响，"两个凡是"还有一定的"群众"基础。因此，要解决中国当前发展的问题，首先必须要在思想上找到正确的方向，并达成全社会的共识。

起到关键性作用的是邓小平的一封信和一次谈话。1977年4月10日，邓小平以"在野之身"给中央写了一封信，提出作为指导思想的必须是"准确、完整的毛泽东思想"，而不是不分时间、地点、历史条件照抄照搬革命领袖的只言片语。5月24日，刚刚复出的邓小平，在与王震、邓力群谈话时，指出"两个凡是"不符合毛泽东思想，更不符合马克思主义。

1977年7月中共十届三中全会恢复了邓小平的职务和工作。老一辈无产阶级革命家也纷纷讲话或发表文章，提出恢复和发扬党的实事求是的优良传统和作风。在胡耀邦支持下《人民日报》发表的《把"四人帮"颠倒了的干部路线是非纠正过来》一文，响亮地提出，要大胆平反冤假错案，在干部路线上拨乱反正。预示着中国现代历史上一场具有划时代意义的思想解放运动的到来。这就是关于真理标准问题的大讨论。这场大讨论的阵地主要是《人民日报》《光明日报》《解放军报》。1978年5月11日，《光明日报》发表"特约评论员"文章《实践是检验真理的唯一标准》，《解放军报》全文转载。邓小平拍板，指出这篇文章是马克思主义的文章，是驳不倒的。

有了真理标准问题讨论奠定的思想基础和理论创新，经过中央工作会议的充分准备，1978年12月18日至22日，中共十一届三中全会在北京举行。这次全会，是新中国建立以来中国共产党历史上具有深远意义的伟大转折。全会认真纠正了"文化大革命"中及其以前的"左"倾错误，坚决批判了"两个凡是"的错误方针，高度评价了关于真理标准问题的讨论，确定了解放思想、开动脑筋、实事求是、团结一致向前看的指导方针。果断停止使用"以阶段斗争为纲"的口号，做出了把工作重点转移到社会主义现代化建设上来的战略决策，标志着党重新确立了马克思主义的思想路线、政治路线和组织路线。

三、改革开放是如何起步的？

改革开放是我国自1978年12月十一届三中全会以来，所实行的对内改革、对外开放的政策。中国的对内改革首先是从农村开始的，是从安徽省凤阳县小岗村开始的，是从18位普通农民开始的。在十一届三中全会召开前夕，1978年11月24日这天夜里，小岗村18位农民以"托孤"的方式，立下生死状，在土地承包责任书上按下了红手印，将原本属于村集体的土地"分田到户"。这一按不但改变了小岗村的命运，更是影响了中国农村此后数十年的发展。

农村的改革，实际就是冲破人民公社、建立家庭联产承包责任制，俗称为"大包干"。人民公社的特点是"一大二公"，由于吃"大锅饭"的分配方式无法激发农民的劳动热情，农村越来越穷，农民连最基本的温饱都难以保障。而家庭联产承包责任制则是农民以家庭为单位，向集体经济组织承包土地等生产资料和生产任务的一种"统分结合"的农业生产责任制形式。通俗地讲就是，分田到户后，大家分田单干、责任到人，"保证国家的，留足集体的，剩下都是自己的"。所以能够极大地调动农民的生产积极性。这种经济制度有两种实现方式，一是包干到户，一是包产到户。

1980年5月，邓小平在《关于农村政策问题》中指出，包产到户不会影响社会主义制度的性质。此后，在中央的支持和推动下，家庭联产承包责任制在全国各地逐渐推广开来，也使农村经济出现了显著成效。

案例中，老易家所在地方，也就是恩施市龙凤镇大转拐村，于1982年实行了家庭联产承包责任制，老易家承包了5.5亩耕地，得到了《自留山证》，交够国家和集体的粮食后，自己家开始有了余粮。此后，国家将粮油统购统销调整为合同定购，有了《合同定购粮交售证》。1998年，改为《农民负担监督卡》。这些票证的变化也适时反映着国家农业政策的变化。随着农村改革开放的起步和深入，农民不仅能吃饱饭，而且逐渐富裕起来了。

四、改革开放是如何不断深入推进的？

1992年初，邓小平同志视察南方发表重要谈话，同年召开党的第十四次全国代表大会，确立了邓小平建设有中国特色的社会主义理论在全党的指导地位，确定我国经济体制改革的目标是建立社会主义市场经济体制。

2002年11月召开的党的十六大是在我国发展进程中具有重大历史意义的大会。十六大坚持以党的基本理论和基本路线为指导，总结了建设中国特色社会主义的基本经验，确立了"三个代表"重要思想的指导地位，做出了全面建设小康社会的战略决策。2003年10月党的十六届三中全会通过的《中共中央关于完善社会主义市场经济体制若干问题的决定》，对完善社会主义市场经济体制和更具活力、更加开放的经济体系做了全面部署，是改革开放新阶段理论创新和实践创新的重大成果。

　　案例中，2002年，国家实行了"费"改"税"，取消了特产税和屠宰税，把三提五统改成了农业税附加；2005年，农户拥有了《土地承包经营权证》；2006年，国家全面取消农业税。老易家的票证记录着国家、政府不断减轻农民负担，提高农村生产力水平的一系列重大举措。

　　2007年党的十七大指出："改革开放是决定当代中国命运的关键抉择"，进而为进一步推进改革开放和中国特色社会主义现代化建设指明了前进方向。

　　2012年11月召开党的十八大，明确了科学发展观是党必须长期坚持的指导思想，并写入党章。制定了坚持走中国特色社会主义政治发展道路和推进政治体制改革前进方向。提出了全面建成小康社会目标。回答了坚定不移走中国特色社会主义道路政策立场。2013年11月，党的十八届三中全会以"改革"为主题，就全面深化改革的相关重大问题进行深入讨论，最终审议通过了《中共中央关于全面深化改革若干重大问题的决定》。

　　2018年党的十九大宣告中国特色社会主义进入新时代，党领导人民全面深化改革不断取得新突破，改革开放迎来新的发展阶段。

　　[教学建议]

　　本案例适用于《中国近现代史纲要》（2021年版）第九章第一节"历史性的伟大转折和改革开放的起步"及第二节"改革开放和社会主义现代化建设新局面"部分的辅助教学。

案例2：不断奋进的三岔乡

[教学目标]

1.通过对三岔乡历史的了解，深刻体会改革开放以来，中国农村的巨大变化和发展，理解改革开放是中国历史和人民的必然选择。

2.根据三岔乡在政治、经济、文化各方面所取得的成就，加强学生对农村社会的认识与理解，掌握如何在农村建设中发挥社会主义制度的优越性。

[案例呈现]

清江之畔、武陵山中，由恩施城区沿恩鹤公路东行23公里，便是被誉为"中国民间艺术之乡"的三岔乡。三岔乡东与新塘、沙地交界，南与宣恩万寨相望，西与舞阳坝毗邻，北与白杨、崔坝接壤。国土面积259.35平方公里。[①]

一、历史悠久的三岔

三岔历史悠久，商周时期便有古巴人在此繁衍生息。1999年，考古工作者在三岔乡浑水河渡口附近发掘出商周陶窑遗址，并采集到绳纹陶片及豆柄，距今2800余年。三岔境内还出土了虎纽錞于残片、巴式青铜编钟等文物，记载了古巴人祭祀及战事活动。[②]

1932年，三岔始建乡，属恩施县第二区管辖。1940年，恩施裁区设

---

① 余秋红、曾凡胜：《不断发展的三岔》，恩施市政协文史资料委员会编印：《恩施文史资料（第15辑）中国民间艺术之乡：三岔》，2005年，第1页。

② 余秋红、曾凡胜：《不断发展的三岔》，恩施市政协文史资料委员会编印：《恩施文史资料（第15辑）中国民间艺术之乡：三岔》，2005年，第1-2页。

乡，三岔单独设乡，驻地三岔口，辖14保；和湾另设乡，驻地和湾，辖13保；燕子另设乡，驻地燕子坝，辖9保。1949年12月，三岔归属龙凤区管辖。1950年7月，三岔改属茅坝区管辖。1953年，茅坝区被撤，并入七里区；8月，建立三岔人民政府。1958年11月，更名为东风人民政府，辖14管理区。1961年5月，改称三岔区，辖14公社。1975年8月，撤区并社，成立三岔人民公社。[①]1984年，三岔设区，辖9乡1镇。1992年，辖区改为6乡1镇。1997年，三岔区改为三岔乡，辖4管理区26村。2002年，全乡实行村组合并，辖12村1社区共65小组。[②]

二、农业大乡——三岔

三岔乡境内虽然多山，但气候温和，四季分明，最适合各种旱作农作物的生长。三岔主要种植玉米、马铃薯、红薯、黄豆、小麦等作物，还兼种水稻、药材、李子、魔芋、烟叶等。2003年，全乡种植玉米1.84万亩、马铃薯22万亩、大豆0.82万亩、红薯1.1万亩、小麦0.4万亩、水稻0.59万亩。旱粮生产成为农业大乡——三岔乡的一大特色，乡里还设有专为培育优良品种的科研基地，为恩施地区乃至全国的农业生产做出了很大贡献。三岔乡实行科学育种、精耕细作的生产方式，不断提高粮食产量。20世纪70年代，玉米平均单产量提高到180余公斤；1989年，玉米平均单产337.3公斤；2003年，玉米平均单产达到391公斤。1978年，三岔区粮食总产量达到1350余万公斤，人均550公斤。[③]

三岔乡还广泛种植经济作物，不断创收。2003年，全乡种植油菜14万亩，产量1375吨。2003年，全乡种植白肋烟烟叶近6000亩，实现产值

---

①　恩施市地方志编纂委员会修订：《恩施县志（1840-1982）》，武汉：湖北人民出版社，2015年，第753-754页。

②　余秋红、曾凡胜：《不断发展的三岔》，恩施市政协文史资料委员会编印：《恩施文史资料（第15辑）中国民间艺术之乡：三岔》，2005年，第2页。

③　余秋红、曾凡胜：《不断发展的三岔》，恩施市政协文史资料委员会编印：《恩施文史资料（第15辑）中国民间艺术之乡：三岔》，2005年，第3-4页。

33669万元，创税67.8万元。[①]

此外，三岔畜牧业生产历史悠久，生猪饲养量逐年上升。1975年起，三岔的粮食增产量和生猪饲养连续数年位居恩施县第一。2003年，全乡生猪饲养量101万头，出栏55万头，肉产品产量居恩施州第8位；生猪产值5700万元，占农村经济总收入的42.2%。[②]

2003年，三岔乡级财政收入实现4449万元，农民人均纯收入达到1509元。[③]

三、生产生活大变样

三岔乡境内山多，却无大型河流，老百姓吃水一直是个大难题。新中国成立前，水库、塘堰等水利设施均很落后。土地改革后，三岔开始有计划地兴修水利。1970年，茅坝村寨沟水库竣工，库容达70万立方米，基本解决了当地人畜饮水的困难。1980年，三岔口左家淌饮水池竣工，库容1.63万立方米，集镇用水困难得以缓解。2002年9月18日，三岔大河沟水库竣工，库容10.35万立方米，彻底解决了集镇及周边地区的用水困难。至2005年，全乡共有塘堰约1100处，人畜饮水小水窖（池）约6500口，全乡人民吃水难的问题基本得到解决。[④]

为了满足老百姓的用电需要，20世纪70年代末至80年代初，国家开始建立电站、搭设电网，三岔人民的生产生活用电普遍得到解决。2000年至2003年，全乡进行农村电网改造，满足了全乡人民优质、安全、经济用电的需求。[⑤]

---

① 余秋红、曾凡胜：《不断发展的三岔》，恩施市政协文史资料委员会编印：《恩施文史资料（第15辑）中国民间艺术之乡：三岔》，2005年，第5页。

② 余秋红、曾凡胜：《不断发展的三岔》，恩施市政协文史资料委员会编印：《恩施文史资料（第15辑）中国民间艺术之乡：三岔》，2005年，第4页。

③ 余秋红、曾凡胜：《不断发展的三岔》，恩施市政协文史资料委员会编印：《恩施文史资料（第15辑）中国民间艺术之乡：三岔》，2005年，第1页。

④ 余秋红、曾凡胜：《不断发展的三岔》，恩施市政协文史资料委员会编印：《恩施文史资料（第15辑）中国民间艺术之乡：三岔》，2005年，第5-6页。

⑤ 余秋红、曾凡胜：《不断发展的三岔》，恩施市政协文史资料委员会编印：《恩施文史资料（第15辑）中国民间艺术之乡：三岔》，2005年，第6-7页。

此外，三岔乡的交通、文教、卫生、商贸等各个方面都取得了飞速发展。1976年，在三岔扩建改造了全县第一个汽车渡口——浑水河渡口。1984年，浑水河大桥建成。2004年，全乡第一条通村油路——沙（子坝）鸦（沐羽）公路全线通车。2005年，三岔乡有中学1所，全日制小学14所，教学点1个，在校学生4709人，教职工230人。[①]

四、"中国民间艺术之乡"

三岔乡是著名的傩戏之乡。被誉为中国戏剧"活化石"的傩戏，本是民间酬神祭祖、驱疫避邪的巫术活动，后逐渐演变为一种表演性质的艺术形式。表演时，演员头戴傩面具，身穿法衣，肩搭牌带，击鼓敲锣。[②] 随着社会生活的进步与发展，三岔傩戏在观赏性和艺术性上也得到不断提升。当地傩戏艺人谭学朝老人是恩施第一代傩坛传人，从事巫傩活动60余年。谭学朝傩戏演技高超，尤擅傩戏面具雕刻，于2003年被恩施自治州授予"民间艺术大师"的称号。[③] 正是有了谭学朝等民间艺人的传承与发扬，三岔傩戏在恩施依然十分兴盛，成为恩施民间文化的重要特色之一。三岔乡于2002年、2008年、2011年先后三次被国家文化部授予"中国民间艺术之乡"的称号；2002年、2008年、2011年、2014年、2019年三岔乡先后五次被评为"湖北省民间文化艺术之乡"；2016年，三岔乡被湖北省民委命名为"傩戏传承基地"。[④]

[思考讨论]

1.阐述以三岔乡为代表的恩施地区自改革开放以来所取得的发展成就？

---

① 余秋红、曾凡胜：《不断发展的三岔》，恩施市政协文史资料委员会编印：《恩施文史资料（第15辑）中国民间艺术之乡：三岔》，2005年，第7页。
② 商守善：《土家族傩戏面具造型风格审美论析——一份关于恩施三岔乡的傩戏面具制作工艺的田野调查》，《大众文艺（理论）》2008年第7期，第102页。
③ 余秋红、曾凡胜：《不断发展的三岔》，恩施市政协文史资料委员会编印：《恩施文史资料（第15辑）中国民间艺术之乡：三岔》，2005年，第8页。
④ 阮璐：《恩施市三岔镇荣获"省民间文化艺术之乡"称号》，《恩施日报》2019年12月20日。

2. 结合中国农村改革的实际，谈一谈坚持改革与坚持社会主义在根本上的一致性。

[案例分析]

本案例主要介绍了恩施市三岔镇三岔乡的发展历程，以点及面，了解中国广大的农村地区是如何开展社会主义建设并取得巨大成就的，尤其是在新的历史起点上如何推进中国特色社会主义事业的发展。

一、全面建设小康社会战略目标的确定

2002年11月8日至14日，中国共产党第十六次全国代表大会在北京召开。十六大的召开不仅在党的历史上，而且在中国特色社会主义事业的发展历程上，都具有十分重大的历史意义。首先，是将"三个代表"重要思想确立为党的指导思想，并写入党章；其次，明确提出了全面建设小康社会的奋斗目标，也就是要在新世纪的前20年，抓住这个发展的关键时期，集中力量全面建设小康社会。"小康社会"是邓小平同志在20世纪70—80年代所提出的战略构想，"小康社会"的基本标准包括人均国内生产总值超过3000美元、城镇居民人均可支配收入1.8万元、农村居民家庭人均纯收入8000元、恩格尔系数低于40%、城镇人均住房建筑面积30平方米、城镇化率达到50%、居民家庭计算机普及率20%、大学入学率20%、每千人医生数2.8人、城镇居民最低生活保障率95%以上等。

案例中，自2002年党的十六大召开以来，三岔乡在全面建设小康社会战略目标的指引下，取得了比较突出的成绩。例如2003年，乡级财政收入实现4449万元，农民人均纯收入1509元；2004年，全乡第一条通村油路——沙鸦公路全线通车；2005年，全乡实现了村村通公路等。

二、改革开放取得的巨大成就

总体上看，改革开放的巨大成就包括：第一，国民经济保持持续快速健康发展，现代化建设事业稳步前进，综合国力和国际竞争力显著提高，人民生活总体上达到小康水平，中国经济总量已经居世界第二位。第

二，社会主义市场经济体制初步建立并不断完善，各项改革事业取得重大进展。第三，全方位对外开放取得新突破，形成全方位、多层次、宽领域的对外开放格局。第四，社会主义民主政治建设取得重要进展。第五，社会主义精神文明建设成效显著。第六，民族政策和宗教政策得到全面贯彻。第七，国防和军队建设取得历史性成就。第八，祖国统一大业取得重大进展。第九，积极开展全方位外交。第十，全面推进党的建设新的伟大工程。

以三岔乡为例，在改革开放和社会主义现代化建设中也取得了突飞猛进的成绩。三岔乡的发展特色主要有两个方面：一是不断加快农村农业发展，提高人民生活水平。三岔乡始终立足于自身特点，着力发展地方经济。三岔乡是一个农业大乡，三岔旱粮的生产与研发是地方特色之一；大力发展交通运输、水利电力；开展文明新村建设等。二是以傩文化开发为突破口，加强文化产业建设。三岔傩戏历史悠久，内容丰富，地方政府致力于保护和传承传统文化，积极打造文化品牌，不断推进农村文化事业的繁荣与发展。因此，三岔获得了"中国民间艺术之乡"的称号。

[教学建议]

本案例适用于《中国近现代史纲要》（2021年版）第九章第三节"把中国特色社会主义全面推向21世纪"及第四节"在新形势下坚持和发展中国特色社会主义"部分的辅助教学。

第十章

中国特色社会主义进入新时代

案例：新时代新征程上的恩施

[教学目标]

1. 结合恩施地区社会经济的发展情况，了解全面建成小康社会目标以及实现民族复兴中国梦的提出过程，掌握如何统筹推进"五位一体"总体布局和协调推进"四个全面"战略布局，认识党和国家事业的历史性成就和历史性变革。

2. 以家乡恩施的发展成就为切入点，引导学生把握中国特色社会主义进入新时代的历史使命、战略部署、指导思想、基本方略，增强学生为实现中国梦而努力的信心和决心。

3. 引导学生结合自己当下的现实生活，理解国家的大政方针，明确只有在中国共产党的领导下，在新时代坚持和发展中国特色社会主义，才能齐心协力走向中华民族伟大复兴的光明前景，进一步巩固学生在实现中华民族伟大复兴中国梦的征程中的信心。

[案例呈现]

2017年10月18日至24日，中国共产党第十九次全国代表大会在北京召开，是中国特色社会主义发展道路上具有里程碑意义的重大历史事件。习近平总书记在党的十九大报告中强调，要"加大力度支持革命老区、民族地区、边疆地区、贫困地区加快发展，强化举措推进西部大开发形成新格局"。

恩施由于独特的地理位置和环境，长久以来一直是老少边穷地区。近现代历史上，恩施人民投身反帝反封建的民主革命大潮，为民族独立、人民解放贡献出自己的一份力量。新中国成立后，身为革命老区、民族地区的恩施受到党和政府的深切关怀，社会经济不断发展，人民生活得到改善。特别是自2001年，恩施被纳入国家西部大开发战略范围之后，政治、经济、文化等各个领域都获得长足发展。党的十八大、十九大以来，中国特色社会主义迈入发展的新阶段，恩施地区也迎来了历史上前所未有的新机遇。

一、补足短板，脱贫攻坚

党的十九大报告指出，我国社会主要矛盾已经转化为人民日益增长的美好生活需要和不平衡不充分的发展之间的矛盾。当前，恩施地区发展不平衡不充分的问题同样比较突出。首先是产业发展不充分。一是供给侧发展与市场对接不够，信息主要依靠"邻里大户""合作社"提供；二是"到村、到组、到田"的"微循环"道路交通体系尚不完整，运输难度及成本相对较高；三是全州各个村镇的特色农业定位较为重复，发展见效慢。其次是生态补偿脱贫能力不足，包括补偿实施范围有限、补偿标准不高、补偿工作难度较大等。再次是教育领域不平衡发展问题突出。一是助学启智基础弱，贫困群体普遍知识水平、劳动技能较低；二是由于交通落后、经济不发达等原因导致的义务教育发展困难；三是教育与就业错配现象突出，教育对就业的推动能力不够明显。[①]

要解决发展中的问题，必须充分把握好发展的机遇，在国家优势政策的指导和保障下，立足自身特色，大力推进乡村振兴战略。一方面要加大人才引进，引导高科技、高素质人才向农村贫困地区流动；另一方面还要持续推进改革创新，找准地方特色，进行因势利导。

---

① 李弘基：《新时代新征程上的恩施实践——学习党的十九大精神体会》，《民族大家庭》，2018年第4期，第18页。

二、再接再厉，全面小康

2018年1月5日，恩施土家族苗族自治州州长刘芳震在州政府工作报告中总结了2017年恩施州所取得的巨大成绩：一是经济运行稳中向好。预计完成地区生产总值795亿元，增长7%；固定资产投资827亿元，增长15%；一般公共预算收入74.9亿元，增长7.2%；社会消费品零售总额555亿元，增长11%。城镇、农村常住居民人均可支配收入分别增长8.5%、9.5%。全社会用电量、银行存贷款余额等结构性经济指标增幅高于全省平均水平。二是特色优势不断彰显。恩施硒茶成功入选第一批中国特色农产品优势区名单。三是发展平台更加坚实。恩施高新技术产业园区成功获批省级高新区。四是脱贫攻坚成效显著。140个重点贫困村顺利出列，3.9万户、12.2万人脱贫销号，5.8万人易地扶贫搬进新居，贫困发生率由14.8%下降到11.5%。五是社会大局和谐稳定。政府真切回应群众诉求，深入开展大排查、大接访、大化解、大督办，实现了党的十九大期间零进京、零非访目标，保持了社会大局的和谐稳定。①

根据恩施州公共数据开放平台发布的数据：2018年，恩施地区农村常住居民人均可支配收入达到10524元，首次突破万元，同比增长9.8%，增速居全省第2位；社会消费品零售总额616.83亿元，同比增长10.9%，增速居武陵山地区第1位；第三产业增加值408.51亿元，同比增长10.9%，增速居全省第3位、武陵山地区第2位。②2019年，恩施州生产总值1159.37亿元，同比增长6.6%；社会消费品零售总额685.81亿元，同比增长11.2%，居全省第13位；农村常住居民人均可支配收入11620元，同比增长10.4%，增幅居全省第3位；城镇常住居民人均可支配收入31561元，

---

① 刘芳震：《恩施土家族苗族自治州政府工作报告（2018年1月5日）》，中国经济网：http://district.ce.cn/newarea/roll/201801/30/t20180130_27978675.shtml.

② 《2018年恩施州经济形势分析》，恩施土家族苗族自治州人民政府网：http://www.enshi.gov.cn/data/sjj/201912/t20191219_424071.shtml.

同比增长9.1%，增幅居全省第12位。①2020年，受新冠肺炎疫情影响，恩施州完成地区生产总值1117.7亿元，同比下降4.2%；社会消费品零售总额同比下降26.3%，较一季度收窄13.8个百分点。全州城镇新增就业4.2万人。② 社会经济稳步复苏。

自2017年党的十九大召开以来，恩施地区大力开拓、发展迅速，人民生活水平大幅度提高，社会经济稳步提升，一个令人向往的"仙居恩施"正在改革开放和社会主义现代化建设的大发展中不断形成和完善。

2021年2月25日，习近平总书记在全国脱贫攻坚总结表彰大会上庄严宣告：我国脱贫攻坚战取得了全面胜利。曾经还是国家级贫困地区的恩施也彻底摘掉了贫困的帽子。但告别贫困不是最终的目标，巩固成果、持续发展，实现乡村振兴，走特色发展之路，才是恩施人民不懈的追求。

相信在全体恩施人民的共同努力下，恩施的明天会更加美好，恩施的人民将更加幸福，绿水青山始终环绕，各族儿女载歌载舞，新时代新征程路上的恩施不断前行。

[思考讨论]

1. 简述党的十八大、十九大以来恩施地区的发展成就，特别是作为本省（湖北省）唯一的少数民族自治州，在民族经济、文化、教育事业方面所取得的主要成绩有哪些？

2. 谈谈对家乡恩施在新时代的发展方向与定位以及恩施地区未来发展的机遇与挑战，阐述地区发展与国家整体发展的密切关系。

[案例分析]

习近平总书记在党的十九大报告中指出："中国特色社会主义进入新时代。"新时代意味着中国的发展位于新的历史起点。不再是新中国成立

---

① 《恩施州2019年经济形势分析》，恩施土家族苗族自治州人民政府网：http://www.enshi.gov.cn/data/sjj/201912/t20191219_424071.shtml.

② 《恩施州2020年经济运行情况分析》，恩施土家族苗族自治州人民政府网：http://www.enshi.gov.cn/data/sjj/201912/t20191219_424071.shtml.

之初"一穷二白"的基础，而是在新中国成立以来特别是改革开放以来重大成就的基础之上的新发展。新时代也意味着中华民族伟大复兴进入新的历史进程。1949年，新中国的成立，开创了中华民族站起来的崭新时代；1978年，党的十一届三中全会所开启的改革开放，则令中华民族逐渐富起来了；2012年，党的十八大以来，中国经济增长速度惊人，中国对世界经济增长的平均贡献率达到30%左右，位居世界第一，中国正在强国之路上大步迈进。新时代还意味着必须在"百年未有之大变局"下，迎接新的机遇与挑战，当世界进入大变革大调整的时期，中国也必须紧跟时代、与时俱进，在新的国际环境下，勇挑重担，引领新的时代潮流。

基于新时代的新情况，对中国特色社会主义的发展也提出了新的要求。中国共产党领导中国人民，直面挑战、勇于创新，提出了一系列有利于国计民生的战略布局和发展方案，开创出中国特色社会主义的新局面。本案例是立足于恩施地方的发展，将区域发展置身于新时代中国特色社会主义的大背景之下，结合党和国家的方针政策，提出了一系列行之有效的发展方略。通过案例，既可以以点及面，由恩施地方的发展以观国家发展大局的执行情况；也可以从大局着眼，为以恩施为代表的革命山区、民族地区的发展提供政策指导，探索出一条适合地方发展的特色道路。案例是通过学习党的十九大精神，对地方发展的思考，具有较强的时效性和实用性，能够帮助学生在历史的基础上了解现实，以及在现实中体会历史的进步。

[教学建议]

本案例适用于《中国近现代史纲要》（2021年版）第十章第一节"开拓中国特色社会主义更为广阔的发展前景"、第二节"夺取新时代中国特色社会主义伟大胜利"及第三节"全面建成小康社会和开启全面建设社会主义现代化国家新征程"部分的辅助教学。

参考文献

[清]多寿等.恩施县志[M].台北：成文出版社，1975.

[清]李圭.鸦片事略[M].文渊阁《四库全书》本.

[民国]赵尔巽等.清史稿[M].北京：中华书局，1976.

吴玉章.吴玉章回忆录[M].北京：中国青年出版社，1978.

中山大学《叶挺》编写组.叶挺[M].广州：广东人民出版社，1979.

鄂西土家族苗族自治州文化局编.鄂西历史人物[M].1983.

鹤峰土家族自治县文化馆《容美》编辑室编.满山红——鹤峰革命历史斗争故事、歌谣集[M].1983.

中共鹤峰县委统战部等编印.容美土司史料汇编[M].1984.

中共惠阳地委党史办公室，中共惠阳县委党史办公室编.叶挺研究史料[M].广州：广东人民出版社，1987.

中共鹤峰县委党史资料征编委员会、政协鹤峰县文史资料研究委员会编.血染的土地 纪念鹤峰苏区创建六十周年[M].1988.

中国人民政治协商会议，鄂西土家族自治州委员会，文史资料研究委员会编.鄂西文史资料（第六辑）鄂西解放纪念专辑之一[M].1988.

中国人民政治协商会议、鄂西自治州第二届文史资料委员会.鄂西文史资料（第七辑）——纪念鄂西解放四十周年专辑之二[M].1989.

中共中央党史资料征集委员会编.中共党史资料（第32辑）[M].北京：中共党史资料出版社，1989.

中共鄂西州委党史征编委员会办公室汇编.鄂西自治州革命纪念地简介[M].1989.

魏胜权主编.战斗在湘鄂西——张德同志回忆录选编[M].北京：中国文史出版社，1990.

毛泽东.毛泽东选集（第一卷）[M].北京：人民出版社，1991.

毛泽东.毛泽东选集（第二卷）[M].北京：人民出版社，1991.

毛泽东.毛泽东选集（第三卷）[M].北京：人民出版社，1991.

中国人民政治协商会议恩施市委员会文史资料委员会编.恩施文史资料（第四辑）[M].政协恩施市委员会文史资料委员会，1992.

鄂西自治州政协文史资料委员会，鄂西自治州交通局合编.鄂西文史资料（第十、十一合辑）——崇山峻岭变通途[M].1992.

湖北省巴东县志编纂委员会.巴东县志[M].武汉：湖北科学技术出版社，1993.

湖北省利川市地方志编纂委员会.利川市志[M].武汉：湖北科学技术出版社，1993.

中共宜昌市委宣传部、宜昌市社会科学界联合会编.三峡·宜昌[M].宜昌县税务印刷厂，1994.

湖北省地方志编纂委员会编.湖北省志·军事[M].武汉：湖北人民出版社，1996.

陈晋.毛泽东之魂（修订本）[M].北京：中央文献出版社，1997.

罗福惠.湖北通史·晚清卷[M].武汉：华中师范大学，1999.

田子渝，黄华文.湖北通史·民国卷[M].武汉：华中师范大学，1999.

邓小平.邓小平文选（第三卷）[M].北京：人民出版社，2001.

周先旺主编.中国西部概览·恩施州[M].北京：民族出版社，2003.

向子钧，周益顺，张兴文主编.来凤县民族志[M].北京：民族出版社，2003.

本卷编委会编.中国西部开发信息百科·湖北恩施卷[M].武汉：湖北科学技术出版社，2003.

赵冬菊.软禁在土家族地区的铁将军——叶挺在鄂西[M].北京：中共

党史出版社，2004.

王跃飞.湘鄂西与湘鄂川黔革命根据地研究 [M].西宁：青海人民出版社，2005.

中国人民政治协商会议恩施市委员会文史委，湖北省恩施市三岔乡人民政府编印.中国民间艺术之乡：三岔 [M].2005.

田从海主编.巴东民间歌谣 [M].北京：民族出版社，2007.

恩施州政协编.恩施名人 [M].北京：中国文史出版社，2007.

知识竞赛组委会编.迎接党的十七大和纪念建军八十周年知识竞赛参考资料 [M].北京：中共党史出版社，2007.

恩施市政协文史资料委员会编印.恩施文史资料（第20辑）恩施市政协纪念改革开放三十周年文集 [M].2008.

刘宗武.湖北新民主革命史·抗日战争时期卷 [M].武汉：华中师范大学出版社，2008.

段雨生，赵酬，李札华.叶挺将军传 [M].沈阳：辽宁人民出版社，2009.

周世祥，叶厚全主编.五峰革命斗争史料汇编 [M].五峰土家族自治县老区建设促进会、五峰土家族自治县史志办公室，2010.

列宁.列宁选集（第二卷）[M].北京：人民出版社，2012.

刘森淼.荆楚古城风貌 [M].武汉：武汉出版社，2012.

胡绳.从鸦片战争到五四运动（简本）[M].上海：华东师范大学出版社，2014.

恩施市地方志编纂委员会修订.恩施县志（1840—1982）[M].武汉：湖北人民出版社，2015.

黄建华.建始概要 [M].武汉：湖北人民出版社，2017.

朱世学.鹤峰五里坪土地革命时期活动调查 [J].中南民族学院学报（哲学社会科学版），1991（2）.

中共恩施土家族苗族自治州州委，中共恩施土家族苗族自治州州政

府 . 立足本地实际 大胆改革开放——恩施自治州建州十周年取得大发展 [J].
中国民族，1993（12）.

张召国，萧禾 . 徐启斌，一个真正的人民公仆 [J]. 中国水利，1994（6）.

彭冲杰，段超 . 湘鄂西地区太平天国运动浅论 [J]. 民族论坛，1996（2）.

赵冬菊 . 叶挺将军在恩施 [J]. 党的文献，1996（6）.

万建强 . 共和国第一号烈士 [J]. 党史文苑，1997（3）.

王新元 . 皖南事变后的叶挺与李济深 [J]. 党史博采，1998（8）.

王定烈 . 鄂西剿匪记 [J]. 湖北文史资料，2001（3）.

周东欣 . 段德昌冤案与苏区"肃反"内幕 [J]. 湖南档案，2002（1）.

罗建峰 . 保护利用"红色遗产"促进文化大州建设——浅谈鹤峰五里
坪革命旧址群保护与利用 [J]. 恩施州党校学报，2005（3）.

胡香生 . 朱峙三夫妇在恩施 [J]. 党史天地，2006（11）.

张树林 . 回忆恩施山城解放的前前后后 [J]. 湖北文史，2007（1）.

商守善 . 土家族傩戏面具造型风格审美论析——一份关于恩施三岔乡
的傩戏面具制作工艺的田野调查 [J]. 大众文艺（理论），2008（7）.

刘祖昆 . 被誉为"同盟会先天会员"的民主志士——朱和中 [J]. 清江
论坛，2011（4）.

胡永铸 . 辛亥革命对少数民族地区的深远影响——以湖北恩施土家族
苗族地区为例 [J]. 湖北民族学院学报（哲学社会科学版），2011（5）.

邱少平 . 一代帅才段德昌 [J]. 党史纵横，2013（9）.

佚名 . "三大纪律八项注意"形成小史 [J]. 新湘评论，2017（1）.

聂兴昌，谌泓 . 鄂西第一位中共党员聂维祯 [J]. 红岩春秋，2018（1）.

丁仁祥 . 三湾改编与井冈山精神源流之探讨 [J]. 井冈山大学学报（社
会科学版），2018（2）.

梅兴无 . 战地记者陆诒一次特殊的鄂西采访 [J]. 党史纵横，2018（3）.

李弘基 . 新时代新征程上的恩施实践——学习党的十九大精神体会 [J].
民族大家庭，2018（4）.

王平.解放恩施的鄂西南战役 [J].党员生活（下），2019（8）.

白夜，柳丽.鄂西南战役：湖北境内大规模军事行动结束 [J].档案记忆，2019（11）.

谢春涛.历史和人民为什么选择中国共产党——学习习近平总书记"七一"重要讲话精神 [N].人民日报，2016-7-6（09）.

阮璐.今年恩施州脱贫攻坚战这么打——150个村20万人摘掉"贫困帽"[N].恩施日报，2019-1-20.

阮璐.恩施市三岔镇荣获"省民间文化艺术之乡"称号 [N].恩施日报，2019-12-20.

李忠斌，陶昌银，文晓国.决胜脱贫攻坚的恩施经验 [N].贵州民族报，2020-8-18.

张全榜主编.恩施州年鉴（2014年）[Z].恩施土家族苗族自治州史志办公室，2015.

张全榜主编.恩施土家族苗族自治州年鉴（2016年）[Z].武汉：湖北人民出版社，2016.